図解

人の心を操る技術

The techniques of mind control

マインドリーディングと話し方で
交渉もコミュニケーションも上手くいく

サイコロジカルアドバイザー
桜井直也
Naoya Sakurai

彩図社

はじめに

「人の心を操る技術」というタイトルを見て、「洗脳」という言葉を思い浮かべた方もいらっしゃると思います。

洗脳とは少し違いますが、**実際に本書には、人間の性質を利用して相手の心を動かす方法が書かれています**。読み進めるうちに、**あなたは**こんな方法で**簡単に人が操れて**しまうことに驚き、逆に知らないほうが**幸せだ**ったと思うかもしれません。

しかし本書は、決して日常生活からかけ離れた本ではありません。私は催眠療法のセラピストをしていますが、催眠のプロから見れば、**「人の心を操る技術」は私たちの周りに溢れている**からです。

あなたの部屋に、タイムセールで「**これはお得だ**」と思って買ったのに、ほとんど使っていないものはありませんか？　テレビの通販番組を見て、**ワクワクした気持ちで**注文したのに、すぐに使わなくなったものもあるかもしれませんね。

誰に強制されたわけでもなく、自分で「**欲しい！**」と思って買ったはずなのに、どうしてあなたはそれを使う気になれないのでしょうか？

なぜなら、本当はそれほど欲しくなかったからです。欲しくないのに、**あなたは買いたい**気持ちにさせられて、つい買ってしまったのです。

タイムセールや通販番組で使われていたのは、「**心理誘導**（無意識に働きかけて人の心を操ること）」と呼ばれる方法です。

本書では、そんな心理誘導の実践的なテクニックを、世界中の心理療法家が実際に使っているテクニックから、まだあまり知られていない最新のテクニックまで、**あなたがすぐに使えるようにまとめてあります**。

「本当に**この本で人の心を操ることができる**のだろうか？」と半信半疑な方こそ、心理誘導の力にびっくりすることでしょう。疑ったままで構いませんから、まずは興味のあるページを開いて、どれだけ**本当に使える**のかを試してみてください。

図解 人の心を操る技術

contents

Part1 心理誘導の極意

Part2

心を読む技術

71

Part3
言葉で操る技術 109

Part1

心理誘導の極意

Technique 01

伝え方を変えると反論できなくなる

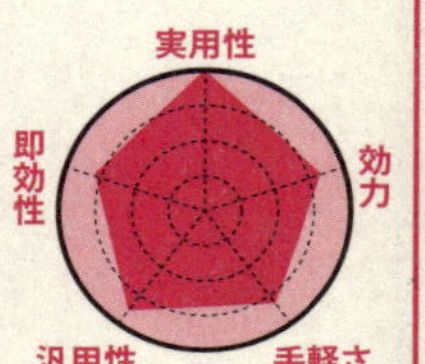

間接的に伝える

人は、「自分に向かって飛んでくる情報」には過敏に反応しますが、「自分に向かっていない情報」に対しては反応が鈍くなります。

たとえば、次の「○○」にあなたの名前を入れて、ふたつの文章を読み比べてみてください。

①「○○さんは頭がいいですね」
②「私の友達のジョンが、○○さんは頭がいいと言っていましたよ」

どちらのほうが嬉しく感じますか？

「頭がいい」だけでなく、「かっこいい／かわいい」、「優しい」、「センスがいい」、「歌が上手い」などにかえて、比べてみてください。
①と②はどちらも、「あなたは頭がいい」という内容ですが、①は直接あなたに向かって語られているのに対し、②はあなたに向かって語られてはいません。
直接「頭がいいですね」と言われた場合、「お世辞を言っているのではないか？」、「何か下心があるのではないか？」と勘ぐってしまいます。

一方、「友達のジョンがそう言っていた」と言われた場合、そのようなことを考える必要はありません。

友達のジョンは、あなたがいないところでそう言ったのですから、お世辞を言う必要も、下心がある可能性もないのです。

よって、①よりも②のほうが、**客観的な事実のように感じられます**。

また、直接「頭がいいですね」と言われたならば、その言葉を否定することができます。しかし、「友達のジョンがそう言っていた」と言われた場合、否定することができません。否定したくても、友達のジョンはそこにいないからです。

このように、**言葉を直接相手に伝えず、間接的に伝えることで受け入れや**

すくする話法を、「友達のジョン話法（マイ・フレンド・ジョン・テクニック）」と呼びます。

「友達のジョンが、炭水化物抜きダイエットが一番痩せるって言っていたよ」のように、「**第三者の発言**」として伝えてもよいですし、「**自分の体験**（私、炭水化物を抜いたら5キロも痩せたんだ）」や、「**一般論**（脂肪よりも炭水化物を制限したほうが痩せやすいことが、実験でわかったんだって）」として伝えても、友達のジョン話法になります。

「相手に何も求めない姿勢」が、友達のジョン話法のコツです。何も求められていなければ、相手は反論を準備する必要がないからです。

伝えるルートを変える

要求するときも、直接伝えるより、誰かに伝えてもらったほうが効果的です。

母親が子供に買い物を頼むとき、直接頼んだ場合は断られる可能性がありますが、母親がいないときに父親が、「お母さんが買い物をしておいて欲しいって言ってたぞ」と言って買い物リストを渡せば、断られる可能性はぐっと減ります。断りたくても、断る相手がそこにいないからです。

直接言われる悪口よりも、人づてに聞かされる悪口のほうが傷つくのも同じ理由です。直接悪口を言われた場合、相手は反論して欲しいのかもしれませんし、改善を求めているのかもしれません。

しかし間接的に聞かされた悪口は、弁解の機会が与えられず、一方的にそれが事実として扱われるため、逃げ道がなくなってしまうのです。**伝えるルートを変えるだけで、同じ言葉の受け取られ方がまったく変わってしまう**ことは、ぜひ覚えておいてください。

「友達のジョン話法」で伝え上手に
直接伝えた場合
今日もキレイだね
またまたー
どうせお世辞だろう
間接的に伝えた場合
○○さんが、貴女をキレイって言ってたよ
そうなんだー
褒められて嬉しいな
Point
関節的に伝えたほうが相手には伝わりやすくなる

Technique 02

本当に言いたいことを非言語で伝える

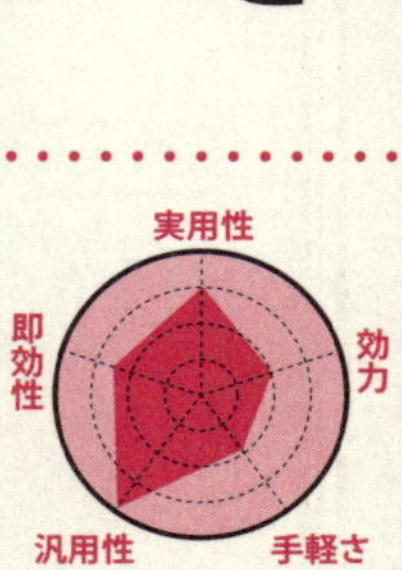

非言語的な強調が相手に影響を与える

特定の言語メッセージを非言語的に強調することで、本来の内容とは違うメッセージを無意識に送る方法を、「アナログマーキング」と呼びます。

「1週間、毎日眠れたからといって、**今日**、同じように**眠れる**という保証はどこにもありません」

これは、「毎日眠れる保証はない」という意味の文章ですが、太字だけを繋げると、「今日、眠れる」と読めます。たったこれだけのことで、表面的な意味とは別のメッセージが、無意識に届くのです。

非言語的な強調を文章で行うには、太字にする、括弧でくくる、カタカナにする、前後にスペースを空ける、斜体にする、フォントを変える、色をつける、文字を大きくする……、などの方法が使えます。

通常、このような表現方法は、単に強調したい内容に使われます。しかしアナログマーキングは、気づかれてしまっては理性のチェックに跳ね返されてしまいますので、次のように、何でもない部分で仕掛けるほうが効果的です。

「銀行振込でご注文の場合、在庫を確保でき次第、お振込先をメールにてお知らせいたします。お急ぎの方で、**本日中に**ご入金をご希望の方は、お電話にてお問い合わせください。その際、**【購入する】**ボタンをクリックした後に表示されるご注文番号をお知らせください」

宣伝文句に対しては理性のチェックが働きますが、このような注意書きは、客観的な事実として読まれるため、アナログマーキングをするのには適しています。

もちろん、この文章を読んだ全員が**「本日中に購入する」**わけではありません。しかし、「今日にしようか、月末にしようか」と迷っている人が読めば、何も仕掛けないよりは効果が期待できます。

気になる人に想いを伝える

会話においてアナログマーキングを使うのであれば、声の大きさ、トーン、話す速度や間を変化させることで、特定の言葉を強調できます。

アナログマーキングをする際、相手が不自然さを感じてしまっては意味がありません。しかし、無意識が気づいてくれなければ効果は期待できません。理性に気付かれない程度で、明らかに違いがわかる話し方をする必要があります。

声の大きさで強調するのか、話す速度で強調するのか、それとも間やトーンで強調するのか、いくつかのパターンを練習して、自分が一番やりやすい方法をみつけてみてください。

発声だけでなく、しぐさを使うと一層バリエーションが広がります。

強調したい言葉のときだけ、相手の目を見つめる、自分の胸に手をあてる、体の重心を変える、手を動かす、頷くなどの方法が使えますし、体に触れることが許される相手ならば、肩や腕に触れるという方法もあります。恋人や子供と手を繋いでいるときには、握っている手を強くするのも有効です。

たとえば、次の例文の太字になっている部分だけ相手の目を見つめて話し、太字ではない部分は手元にあるグラスなどを眺めて話すと、好きな異性に対し、間接的に気持ちを伝えることができます。

「昔からポルシェが**大好きなんだ**よね。なんといってもあのデザイン、**美しいし、魅力的だし**、カタログを見ているだけでも**幸せな気持ちになれるんだ**。ベンツやBMWもいいけど、やっぱりポルシェは**特別な存在なんだ**よなぁ」

「大好きなんだ。美しいし、魅力的だし、幸せな気持ちになれるんだ。特別な存在なんだ」と面と向かって言うのはかなり勇気がいりますし、相手にその気が少しもなければ、言葉は無意識まで届きません。

しかし、このようにアナログマーキングを使うと、ポルシェの話をしているだけですので、言葉は理性のチェックをすり抜けて、無意識まで届きます。

面接で自分をアピールする

相手に自分の気持ちを伝えるには、目を見つめる、触れるなどの方法が適していますが、面接などで誰かに自分をアピールしたいときには、自分の胸に手を当ててアナログマーキングをしてみてください。

「私の尊敬する人はマザー・テレサです。彼女のように、**誠実で、勇気があって、革新的**な活動ができる人間になりたいと思っています」

太字になっている部分で胸に手を当てながら話すと、相手の理性はマザー・テレサのことを考えますが、無意識には、あなたが「**誠実で、勇気があって、**

革新的」だと伝わります。

このように、言葉を部分的に強調するだけで、別のメッセージを相手に伝えることができるのです。

非言語で相手の無意識にメッセージを送る

非言語的に強調するとは…

①文章ならば…

- 「かっこ」でくくる
- カタカナニスル
- 色を変える
- 前後に　スペース　を空ける
- 文字を大きくする
- *斜体にする*
- フォントを変える
- **太字にする**

②会話ならば…

- 頷く
- 手を動かす
- 体に触れる
- 重心を変える
- 声の大きさを変える
- 話す速度や間を変化させる
- 相手の目を見つめる

Point 上記を利用して強調すると、別のメッセージが相手に伝わる

Technique 03

これだけある「イエスセット」の弱点

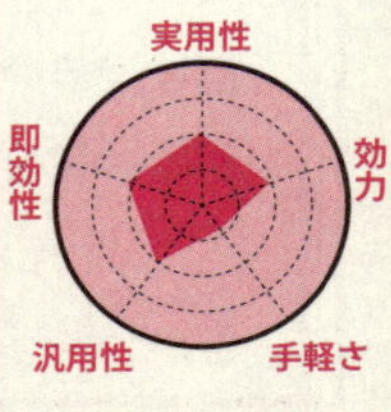

「イエス」を言わせるイエスセット

物事が習慣化するには、決して長い時間はかかりません。無意識は簡単に条件反射の回路を作ってしまいます。この性質を利用して、相手の承諾を引きだすテクニックに、「イエスセット」があります。

イエスセットとは、答が「イエス」になる質問をくり返すことで、「この人の発言にはイエスと答える」という自動処理を作りだし、相手に「イエス」を言いやすくさせる誘導法です。
あなたもこんな電話を受けたことがあるかもしれません。

勧誘員「今、少しお時間よろしいでしょうか？」
あなた「はい（イエス）」
勧誘員「現在、インターネットはご使用ですか？」
あなた「はい、使っています（イエス）」
勧誘員「インターネットの料金って、結構お高いですよね？」
あなた「そうですね（イエス）」
勧誘員「同じサービスが、今よりもずっとお安い料金で受けられたら、そちらに乗り換えたいと思われませんか？」
あなた「はい、安ければ（イエス）」

実際にはここまで単純な誘導ではないかもしれませんが、このように**何度も「イエス」と言わされると、次第に「ノー」を言いにくくなっていきます**。

イエスセットは基本的な心理テクニックですので、心理学をうたった実用書で目にすることがあります。

また、電話営業や訪問営業の勧誘員が使っているマニュアルにも、イエスセットを使った会話例が書かれていますので、私たちは知らないうちに、イエスセットを仕掛けられていることになります。

不自然なイエスセット

しかしこのテクニック、宣伝されているほど有効なのでしょうか?

答はノーです。イエスセットは、実はとても難しいテクニックなのです。

まず、相手がイエスと答える質問をくり返すことは簡単ではありません。

前述の例をもう一度読んでみてください。どの質問にもノーと答えることは可能です。

あなたは話している時間はないかもしれませんし、インターネットを使ってはいないかもしれません。料金は安いと感じているかもしれませんし、乗り換える手間を考えたら、今のままでよいと思っているかもしれません。

かといって、イエスと言わせるために、「あなたは日本に住んでいますね？」とか、「あなたは女性ですね？」といった当たり前の質問をくり返すわけにもいきません。

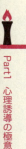

また、**人はそう思っていても、他人に強制されると認めたくなくなる**ものです。ひとたび自分の立場を表明してしまうと、それによって一貫した行動を求められることになり、自由を失うからです。

「インターネットの料金って、結構お高いですよね？」という質問に、「はい」と答えるということは、それ以後のセールスに付き合うことを意味します。たとえ普段から「インターネット料金は高いなぁ」と思っていたとしても、セールスに興味がなければそれを認めることはできません。

さらに、誰でも一度や二度は、イエスセット的な流れで言いたくもない「イエス」を言わされた経験があります。よって、誘導尋問のような質問がくり返されるだけで、それこそ条件反射的に「ひっかかってはいけない！」と警戒するのです。

そして、仮に相手がイエスと答えてくれたとしても、それは不自然な質問に対する不自然なイエスに過ぎません。相手はイエスと言わされたことを、快く思っていない可能性があります。

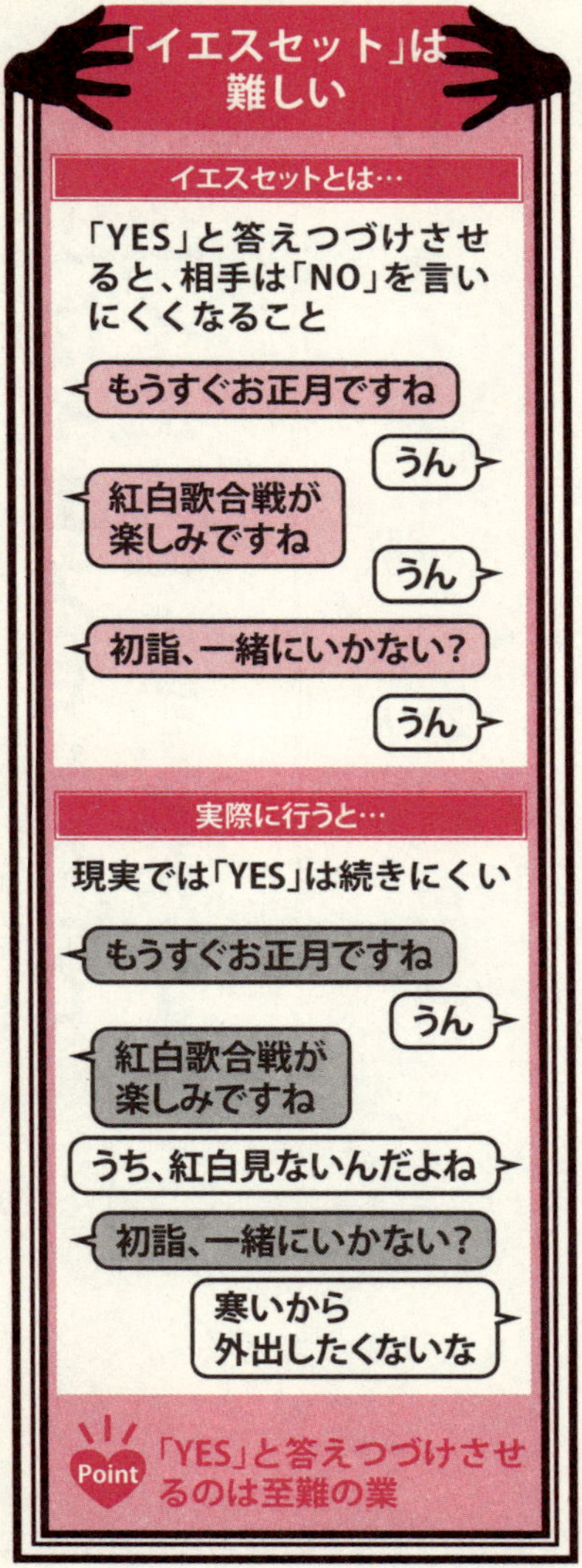
「イエスセット」は難しい
イエスセットとは…
「YES」と答えつづけさせると、相手は「NO」を言いにくくなること
もうすぐお正月ですね
うん
紅白歌合戦が楽しみですね
うん
初詣、一緒にいかない？
うん
実際に行うと…
現実では「YES」は続きにくい
もうすぐお正月ですね
うん
紅白歌合戦が楽しみですね
うち、紅白見ないんだよね
初詣、一緒にいかない？
寒いから外出したくないな
Point
「YES」と答えつづけさせるのは至難の業

Technique 04

「逆イエスセット」で「イエス」を引きだす

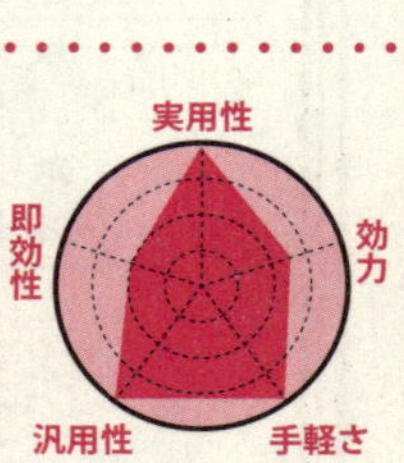

「逆イエスセット」なら自由自在

残念ながら、イエスセットはどんな場合でも使えるテクニックではありませんでした。

しかし、もっと簡単に、相手にイエスを言いやすくさせる方法があります。

それが**「逆イエスセット」**です。

イエスセットは、「相手にイエスを言わせつづけることで、イエスを言いやすくさせる方法」でしたが、**逆イエスセットは、「自分からイエスを言いつづけることで、相手にもイエスを言いやすくさせる方法」**です。

会話はキャッチボールに例えられることがあります。キャッチボールでは、とりやすいボールを投げてくる人もいれば、とりにくいボールを投げてくる人もいます。とりやすいボールを投げてくる人には、こちらもとりやすいボールで返したくなりますし、とりにくいボールを投げてくる人には、こちらもとりにくいボールで返したくなります。

たとえば、悪口を言われると、こちらも悪口を言いたくなりますし、褒められると、悪口は言いにくくなります。それと同じように、**こちらがイエスというボールを投げつづけると、相手はノーで返しにくくなり、次第に相手もイ**

エスで返してくれるようになるのです。

先ほども書きましたが、相手がイエスと答えてくれそうな質問をくり返しても、実際に相手がイエスと答えてくれるとは限りません。

しかし、相手にイエスを伝えることは、こちらで自由にすることができます。

それゆえ、逆イエスセットは確実なのです。

逆イエスセットで相手にイエスを伝えるには、言葉ではなく、しぐさを使います。言葉で伝えることも大切ですが、言葉では圧倒的に回数が足りません。

また、無理に話の途中で肯定的な相槌を打てば、相手の肯定して欲しくない部分で肯定してしまう危険性があります。最後にどんでん返しが控えているのに、前置きの部分で肯定してしまうと、相手もつづきを話しにくくなってしまうのです。

しぐさでイエスを伝えるのは簡単です。**頻繁に頷けばよいのです**。頷くことで、肯定的な空気が充満していき、相手も否定しにくくなっていきます。

頷くのは、文章の終わりごとでは少なすぎます。句読点ごとに頷くくらいのつもりで、頷いてみてください。

むかしむかしあるところに、〈**頷く**〉
おじいさんとおばあさんがいました。〈**頷く**〉
おじいさんは山へ柴刈りに、〈**頷く**〉
おばあさんは川へ洗濯に出かけました。〈**頷く**〉

肯定的な空気を壊すことは難しい

頻繁に頷くのは不自然ではないかと思われるかもしれませんが、相手の話に同期して頷いているのであれば問題ありません。

相手は話をすることに夢中ですから、間違っても「この人は頷きすぎだ」などとは思いません。

どうか、頷きすぎるくらい、頷いてください。

頷くことには肯定の意味だけでなく、「あなたの話を聞いていますよ」という意味もあります。どんな反応でも、反応があるだけで人は安心します。**頷くことは、相手を安心させ、心の距離を縮める最良の方法**なのです。

あなたが頷くことでイエスを伝えると、相手もあなたの言葉にイエスで返すようになります。そしてあなたの「イエス」を維持するために、やがて相手のほうから、あなたが頷きやすい話をしてくれるようになります。一度できあがった肯定的な空気を自分から壊すことは、とても難しいからです。

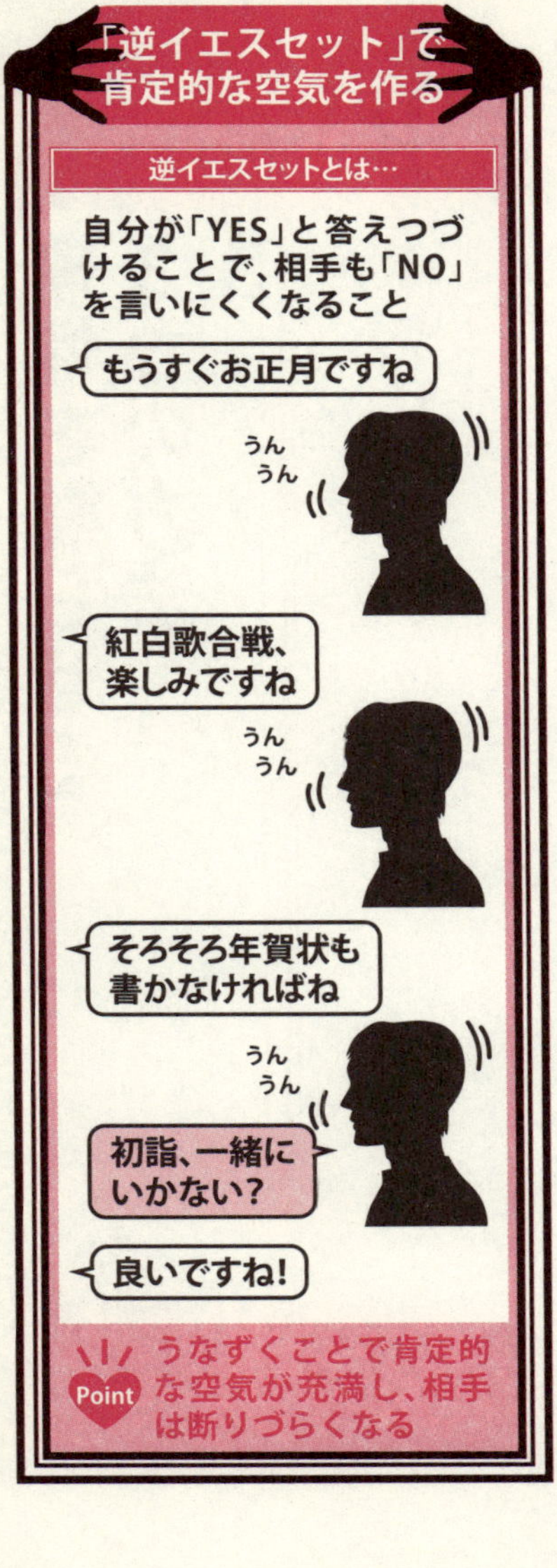

Technique 05

理性を黙らせる3つの方法

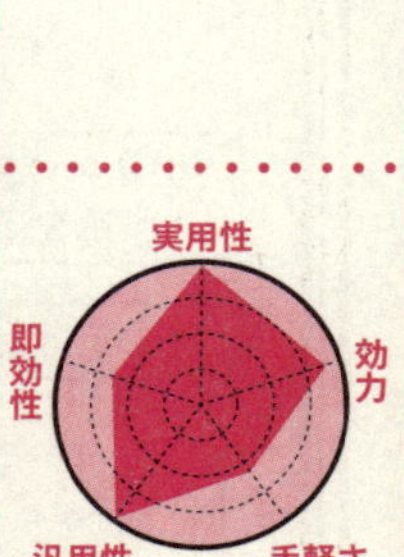

理性が心理誘導を妨害する

心理誘導を行う上で、忘れてはならないことがあります。それは、「理性」の存在です。

たとえば、目の前に自動販売機があるとします。自動販売機にはあなたの飲みたいジュースがあり、ポケットには小銭もあります。誰もいなければあなたはお金を入れてボタンを押し、ジュースを手に入れることができます。

しかし、誰かと一緒にいたとしたらどうでしょうか？

たとえばあなたが小学生で、隣にお母さんがいたとしたらどうでしょう。お母さんは、あなたがジュースを買おうとするのを見て、口を挟んでくるかもしれません。

「夕食前だから、今は買ってはいけません」

「炭酸飲料は体によくないので、お茶にしなさい」

これが**「理性のチェック」**です。いくら無意識の中にあるボタンを押そうとしても、理性のチェックが働いていれば押すことはできません。無意識に働きかけるためには、この理性のチェックを無効化する（お母さんに黙っていてもらう）必要があるのです。

理性のチェックを無効化する3つの方法

理性のチェックを無効化するには、次の3つの方法があります。

1. 意識を固定する
2. 理性を処理不能にさせる
3. 理性のチェックをすり抜ける

1. 意識を固定する

理性は一度にひとつのことしかできませんが、通常は自由に意識の先を切り替えることができます。

本を読んでいても、地震が起これば理性は本から離れ、地震に向かいます。この意識の切り替えは、割り込んでくる出来事の優先度が、現在していることの優先度よりも高い場合に起こります。

反対に、面白い本に集中していると、食事も忘れて読みつづけてしまうことがあります。食事の優先度よりも、本の優先度のほうが高いため、意識が切り替わらないのです。

そしてこの、**「意識が固定された状態」では、理性は一度にひとつのことしかできないため、理性のチェックが働きません**。ですから、相手の意識を何かに固定することができれば、無意識のボタンは押しやすくなるのです。

2. 理性を処理不能にさせる

意識を固定しようとしても、理性のチェックが活発すぎて、思うように固定できないことがあります。そんな場合は、まったく反対の働きかけをすることでも理性のチェックを無効化できます。

優先度の高い割り込みを一度に複数与えると、理性は意識を切り替えながら、すべて同時に処理しようとします。しかし、ひとつひとつに十分な時間を割くことができないため、**やがて処理不能に陥ります。その結果、理性のチェックが働いていないのと同じ状態になるのです。**

たとえば、目の前でタイムセールの商品が次々に売れていると、つい自分も買ってしまうことがあります。

タイムセールのように時間を制限されると、理性は「本当に必要か？」、「本当にお買い得か？」、「機能は十分か？」などの割り込みを、短時間で同時に処理しなければなりません。

時間があれば、ひとつひとつに答を出すことは可能ですが、いつ売り切れてしまうかわからない状況では、理性は割り込みを処理しきれません。そこで無意識が代わりに、「困ったときは周りの人の真似をする」という自動処理で対応するのです。

このように、相手の理性に負担をかけ、処理不能にすることができれば、相手に影響を与えやすくなります。

3. 理性のチェックをすり抜ける

理性のチェックは、機械的にすべての情報に対して働くわけではありません。

安全で、馴染みがあり、信頼できる情報は、理性のチェックをすり抜けます。

アメリカで起こった奇妙な医療ミスをご紹介しましょう。

ある医師が看護師に、右耳の痛みを訴えている患者に薬をさすよう、指示を与えました。医師は処方箋に、Right earを省略して「Place in R ear」と書いたのですが、それを受け取った看護師は、指定された耳の薬を、なんと患者のお尻にさしてしまったのです。

これは、右耳（R ear）をお尻（Rear）と読み間違えたために起こった医療ミスなのですが、冷静に考えれば耳の薬をお尻にさすわけがないのは明らかです。

しかし実際には、看護師はあまりにも処方箋に従うことに慣れ、医師を信頼しきっていたので、読み間違いが理性のチェックをすり抜けてしまったのです。

このように、相手に信頼され、相手の馴染んだ方法で働きかけることができれば、相手の心は動かしやすくなります。

「理性のチェック」を無効化する

理性のチェックを無効化する方法

①意識を固定する
蚊
刺されてたまるか!
1匹の蚊に気をとられている(固定)状態
2匹目に気付かず刺されてしまう
②理性を処理不能にさせる
蚊
どれを追えばいいんだ!?
大量の蚊に囲まれて、どれに対処すれば良いのかわからない(処理不能)状態
③理性のチェックをすり抜ける
痒み止めです
毒
ありがとう
信頼している相手の場合、理性のチェックが働きにくい(すり抜ける)
信頼している人

Point 理性のチェックを無効化すれば、相手の心を操りやすくなる

Technique 06

見つめさせて気になるあの人と手をつなぐ

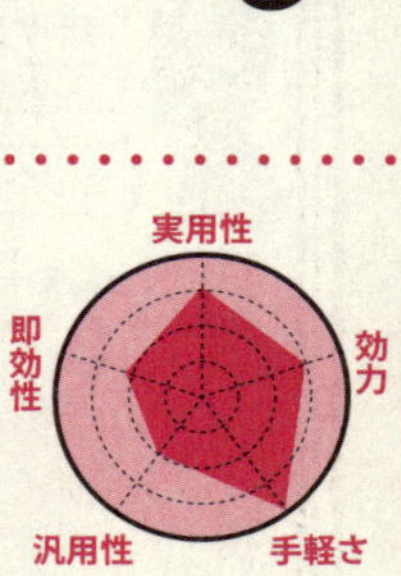

一点を見つめさせて自由な思考を奪う

先ほども申し上げたように、「何かに意識が固定されている状態」では、周りの影響を受けやすくなりますので、この状態を意図的に作ることができれば、相手の心は操りやすくなります。

意識を固定するにはいろいろな方法がありますが、まずは視覚の固定について考えてみたいと思います。

人は考えるときに視線を動かします。より刺激の少ないところに視線を動かすことで、思考に集中するためです。逆に、**視線を固定することができれば、相手の自由な思考を奪うことができます**。よって、心理誘導を行う際は、何か一点を見つめさせればよいのです。

たとえば、付き合いはじめたばかりの恋人と、デート中にさりげなく手を繋ぎたいのであれば、話しながら歩いているときよりも、一緒に映画を見ているときのほうが適しています。

話しながら歩いているときは、相手の意識が自由に動くため、手を繋ぐタイミングを見極めるのは簡単ではありません。しかし、映画を見ているときならば、意識はスクリーンに固定されていますので、あなたが手を差し伸べれば、相手は自動処理で握り返してくれるのです。

デートで夜景を見ているのであれば、ただぼんやりと眺めるのではなく、「スカイツリーのライトアップがすごく綺麗だね」、「ベイブリッジの光って点滅しているんだね」などと言って、何かの光に相手の意識を誘導してください。

薄暗い場所で光っている一点を見つめさせる方法は、催眠でも使われているほどの強力なテクニックです。**瞳孔が開き、目が疲れることで、視覚の固定による効果がさらに高まるのです。**

このテクニックは、人に影響を与えようとする様々な場面で応用されていいます。コンサートや講演会などで客席を暗くするのは、ステージ上でスポットライトを浴びている人の影響力を高めるためです。多くの宗教が、儀式の際に口ーソクを灯すのも、決して偶然ではありません。

一点を見つめさせたら、3章でご紹介する「話し方」のテクニックを使って、実際に相手の心を動かしてみましょう。

見つめさせて
自由な思考を奪う
見つめさせることの効果
人は考えるとき、刺激が少ないところを求めて視線を動かす
どうしたものか…
視線を固定してしまえば、
相手は自由に思考できなくなる
固定
うまく考えられない…
あなたの言葉から
影響を受けやすくなる
Point
何かを見つめさせることで、相手の心は影響を受けやすくなる

Technique 07

握手で要求を通す

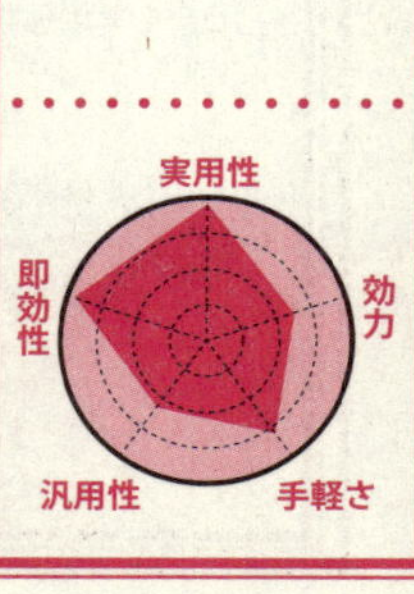

ボディタッチの効果は絶大

意識の固定は視覚だけでなく、五感すべてに対して行うことができます。そしてボディタッチによる触覚の固定も、とても有効な方法です。

私たちは普段、むやみに他人の体には触れませんし、触れられることにも抵抗があります。ですから、**ボディタッチによる触覚の固定は簡単ではありません。しかし上手くいけば、絶大な効果が得られます**。

苦しいときに背中をさすられて、苦しみが和らいだ経験はありませんか？背中をさすられて楽になるのは、意識が背中に固定されることで、痛みに向きにくくなるからです。

手相占いに人々がはまるのも、手に触れられている間、占いの言葉が心に入りやすくなるからです。

握手は絶好のチャンス

親しい間柄でもない限り、相手に触れてよい理由などありありませんので、触覚の固定は簡単にはいきません。

数少ないチャンスですが、誰に対しても可能性のある方法として、ここでは握手による意識の固定について考えてみたいと思います。

結論から書きますが、**握手をしている間、相手はあなたに影響されやすくなります**。相手にイエスを言わせたければ、握手の最中は絶好のタイミングです。そしてその握手は、こちらから不意に求めた握手であれば、より効果的です。

日本人は欧米人に比べると握手の習慣がありませんので、お辞儀をする感覚で握手をすることができません。よって、こちらから手を差しだすと、相手は条件反射ではなく、意識的に手を握り返すことになります。そしてそれが、握手をする場面ではなかったり、握手をする間柄ではなかったりすると、一瞬、頭の中が混乱します。

理性のチェックを無効化する方法に、「理性を処理不能にさせる」という考え方がありましたが、不意に握手を求めることで、一時的にその状況を作れるのです。

また、**こちらから握手を求めたという事実は、こちらの立場が上であることを相手に暗示します**。「目上の人に握手を求めるのはマナー違反」という考え方があるということは、握手を求めている側が目上であるということです。立場に明確な差がない場合、こちらから握手を求めるだけで、関係性をある程度決めてしまうことができるのです。そしてこちらの立場が上になれば、相手は無意識的に従いやすくなります。

せっかくですから握手している最中は、相手の目を見つめてみましょう。握手の距離で目を見つめられると、相手は目を逸らすことができませんので、視覚も固定することができます。視覚の固定、触覚の固定、不意の握手による混乱、あなたの立場が上であるという暗示、これらすべてが一度に起こると、相手の理性はほとんど身動きが取れなくなります。そして握手をしている間、ノーを言えなくなるのです。

また、理性のチェックが働かなくなることに加え、「手を握る」という友好的な非言語表現をしている最中に、相反する言語表現である「ノー」を言うこと自体がとても難しくなります。

不意に握手を求め、相手の目を見つめて、堂々と要求してみてください。

余談ですが、ボディタッチの多い女性に男性がコロッとやられてしまうのは、握手と同じように、触れられている間、男性の思考が止まってしまうからです。それだけで男性は優位に立てなくなり、女性の言いなりになってしまいます。さりげなく腕に触れたり、相手の膝にそっと自分の膝を当てたりするのは、女性だけに許された、男性の心を操るテクニックなのです。

要求を通したいときは不意に握手を求める

握手を求めることの効果

握手をするような場面ではないときに握手を求めると、相手は混乱し、同時に、握手によって視覚と触覚が固定される

相手が目上ということ…？

なぜこの人と…？

なぜこの場面で…？

混乱

↓

相手の理性は身動きがとれなくなり、「NO」と言えなくなる

Point 不意に握手を求め要求すれば、要求を通すことができる

Technique 08

話し上手な人は手を動かしている

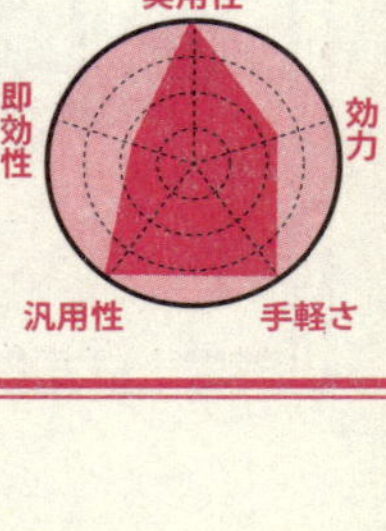

相手に伝わる話し方

言葉を話しているとき、理性は「何を話すか」ばかり考えていますので、非言語的な表現にまで気が回りません。話に集中すればするほど、口調やしぐさは無意識に任せきりになります。

一方、聞く側は言葉の意味だけでなく、**五感から受けるすべての情報を使って話を理解しようとします**。

相手の服装、髪型、表情、身振り、手振りなどの視覚情報や、声の大きさ、トーン、スピード、抑揚などの聴覚情報も、言語的なメッセージと同じように利用されます。

また、視覚や聴覚ほどではありませんが、嗅覚や味覚、触覚から受ける情報にも影響されることがあります。

どんなに素晴らしい話をされても、その人から変な臭いがしているだけで、話に集中することはできません。出されたお茶菓子が口に合わなかったり、握手した手に力が入っていなかったりするだけで、それらは話の内容には関係ないはずですが、やはり何かしらの影響を受けます。

「相手に伝わる話」とは、非言語メッセージが話の内容と矛盾せず、むしろ修飾しているような話です。楽しい話を、楽しい表情と口調で話されると、こちらも楽しい気分になります。逆に、楽しい話を、悲しい表情と口調で話されても、ちっとも楽しい気分にはなれません。

言語で表現しきれなかった情報を、いかに非言語で表現できるかが、話の上手な人と下手な人の別れ道なのです。

手を動かすだけでもっと伝わる

話の内容を非言語で修飾する方法のひとつに、ボディーランゲージがあります。

ボディーランゲージの上手な人の話を聞いていると、情景が次々に浮かんできます。「この前、50センチの魚を釣ったよ」と言葉だけで表現されるよりも、両手を肩幅に広げて、「この前、これくらいの魚を釣ったよ」と表現されたほうが、魚の大きさを楽にイメージできるのです。

言葉は、内容が伝わればよいというものではありません。なるべく頭を使わなくても理解できるように話せば、それだけ相手の集中力は持続しますので、話の世界に引き込むことができます。

そして話に意識が固定されている間、相手は理性のチェックが弱まることで、あなたに影響されやすくなるのです。

ですから、言葉で表現することが難しい内容だけでなく、言葉だけで十分に伝わるような内容も、手や体を使って表現してみてください。

ボディーランゲージに慣れていらっしゃらない方は、体を動かすことが恥ずかしく感じられるかもしれませんし、やりすぎると不自然ではないかと心配になるかもしれません。

しかし、頷くことと同様に、ボディーランゲージもやりすぎて不自然ということはありません。

恥ずかしがらず、話す内容に合わせて手や体を動かしてみましょう。

ボディーランゲージをしようとしても、はじめはどうすればよいか戸惑うことでしょう。そんなときは、**そのとき行われた行動を再現してみる**ことから始めてください。**登場人物を右手と左手で表現する**方法も有効です。**関連する場所を触る**のも、簡単ですが効果のある方法です。

本来、ボディーランゲージは意識的に行うものではなく、無意識的に「出てしまう」ものです。ボディーランゲージに慣れていない人でも、エンジンさえかけてあげれば、あとは無意識が勝手に体を動かしてくれます。

話上手の秘訣は「ボディーランゲージ」

ボディーランゲージでもっと伝わる

話すだけだと…
50センチの魚を釣ったんです
凄いですね
50センチって大きいのかな？
ボディーランゲージをつけると…
これくらいの大きさの魚を釣ったんです
凄いですね

Point 手を動かすだけで、話の内容がもっと伝わりやすくなる

Technique 09

「アンカリング」で感情を操作する

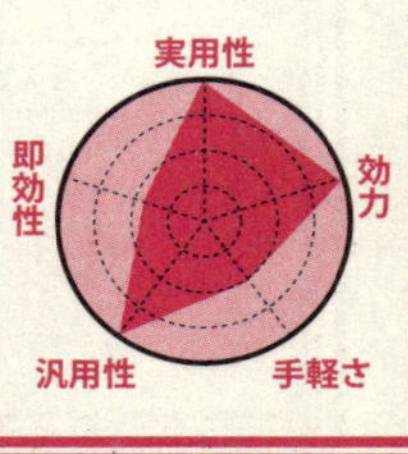

ボディーランゲージの戦略的利用法

話をする際に、ちょっとしたしぐさをするだけで、相手に良い印象や悪い印象を植えつける方法があります。

人は話を聞いているとき、無意識のうちにその人のパターンを学習し、話の内容を自動的に理解しようとします。

落語家は、一人で何役も演じますので、役ごとに体の向きをかえて、今はどちらの人が話しているのかを表現します。聞く側はそれを学習することで、誰のセリフなのかを考える必要がなくなり、理性に負担をかけずに話の世界に入っていくことができるのです。

この学習を利用すると、相手に気づかれることなく印象を操作できます。

話をするとき、話の中にはプラスの話（良い印象を与える話）とマイナスの話（悪い印象を与える話）があります。オリンピックで金メダルを取った人の話や、美味しいレストランの話はプラスの話ですし、不景気や、車が故障してしまった話はマイナスの話です。

たとえば、プラスの話をするときには右脚に重心をのせて話し、マイナスの話をするときには左脚に重心をのせて話すと、話によって顔の位置が、右や左に若干ずれることになります。**それをくり返すと、相手の無意識は「顔の位置」と「プラス／マイナスの感情」を、心の中で結びつけてしまいます。**

このようなパターン化を、**「アンカリング」**と呼びます。

感情がアンカリングされると、条件が刺激されるだけで感情が呼び起こされます。右脚に重心をのせて話せば、相手は条件反射的にその話にプラスの感情を抱くようになりますし、左脚に重心をのせて話せば、マイナスの感情を抱くようになるのです。

アンカリングをプレゼンに生かす

この方法を使えば、お客様にプレゼンをする際、暗示的に自社製品にはプラスの印象を、他社製品にはマイナスの印象を刷り込むことができます。

アンカリングを十分にしたあと、自社製品の話は右脚に重心をのせて話し、他社製品の話は左脚に重心をのせて話せばよいのです。言葉で自社製品を褒める必要もなければ、他社製品をけなす必要もありません。重心を変えるだけで、お客様の心には自動的に感情が湧いてきます。

ステージ上でスピーチをしているときなど、空間を広く使えるときには、**ステージを歩くことでもアンカリングすることができます**。

たとえば、プラスの話をするときにはステージの右側までいって話し、マイナスの話をするときにはステージの左側までいって話せばよいのです。そうすることで、聴衆は右側で話される話を好意的に聞くようになります。

空間を利用することが難しいときには、**手の動きにアンカリングしても構いません**。プラスの話をするときには右手だけでボディーランゲージをし、マイナスの話をするときには左手だけを使うようにすると、右手の動きとプラスの感情が結びつきます。

感情を自由に引きだす

アンカリングをする際、プラス/マイナスという分け方にとらわれる必要はありません。好き/嫌い、リラックス/緊張など、**対立する感情を別々のものに結びつけることができれば、それらの感情を自由に引きだすことができます**。

通常のボディーランゲージは無意識的に行うこともできますが、アンカリングは、十分な準備と忍耐強い実行がなければ効果は得られません。まずはプレゼンやスピーチなど、準備に時間をかけられる場面で試してみてください。

Technique 10

求めさせれば状況をコントロールできる

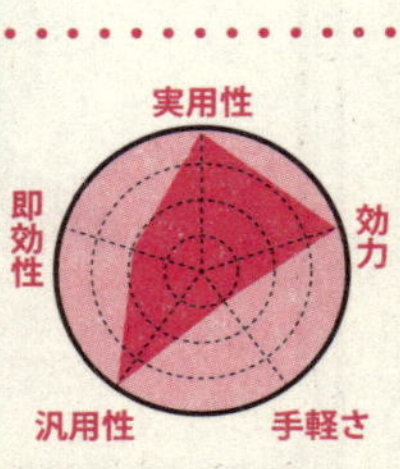

人はルールに従って生きている

人は誰かと出会うと、何かのルールに従って、自動的に自分の立場を判断します。意識こそしませんが、自分のほうが立場が下だと感じれば、敬語で話し、相手の命令に従います。反対に、自分のほうが立場が上だと感じれば、敬語は使わないかもしれませんし、相手に命令するかもしれません。

そしてその判断は実に的確です。

大抵の場合、あなたが自分は上だと感じているときには、相手はちゃんと自分は下だと感じていますので、ぶつかることはありません。

求めている人、求めていない人

一体どんなルールに従って、人は自分の立場を決めているのでしょうか？

年齢？　地位？　収入？　容姿？　……どれも違います。

人は立場の上下を、「どちらがより求めているか」で決めているのです。

どんな相手でも、どんな状況でも、最終的には「より求めている人の立場が下」で、「求められている人の立場が上」になります。

「お客様は神様です」の言葉どおり、このルールに従えば、基本的には営業をしている人の立場は下ということになります。

お客様のところへ新商品の売り込みに行った営業さんは、商品が売れることを**求めています**。売れなければ**困ります**し、強制的に買わせることもできません（**状況をコントロールできない**）。営業さんに**選択肢はない**のです。

しかし、お客様はその商品が**欲しかったわけではありません**ので、買わなくても**困りません**。買うか買わないかの**選択肢を持っていて**、自分で決めることができます（**状況をコントロールできる**）。

営業さんは、買ってもらうためならば、多少無理な要求でものみますし、お客様に失礼な態度をとることも許されません。しかしお客様は、譲歩する必要などなく、失礼な態度も許されます。

この「どちらがより求めているか」というルールで決まった立場は、一生つづくわけではありません。場合によっては、時間とともに目まぐるしく変化します。

営業さんとお客様との関係も、営業さんが必死に売り込んでいる場合はお客様の立場が上ですが、特売品にお客様が行列を作るような場合は立場が逆転します。

お客様はその商品を手に入れられなければ困りますが、営業さんはその人が買ってくれなくても、他の人が買ってくれるので困りません。営業さんは譲歩する必要などありませんし、たとえ営業さんの態度が悪かったとしても、商品を手に入れるためならば、お客様が我慢しなければならないのです。

その瞬間、どちらがより求めていて（あるいは困っていて）、どちらが従うべきなのか、冷静に分析してみてください。それだけで、相手を動かすにはどうすればよいのかが見えてきます。

負けたほうが幸せな場合もある

誤解して頂きたくないのですが、いつも自分が上の立場にいる必要はありません。

そして、上の立場にいる人が偉いわけでもありませんし、勝っている人が幸せなわけでもありません。

これは単純に、「どちらの意見が通りやすいか」のルールに過ぎないのです。

恋愛は、「愛しているほうが負け」ですが、負けることで幸せを感じる場合もあります。**愛するとは、喜んで負けつづけること**だからです。

求められる方が
「上」の立場になる
たとえば売り手と買い手がいたら…
売り手が求めている場合
上
買ってもいいし
買わなくてもいい
買って
ください!
商品
買い手
売り手
立ち場
下
買い手が求めている場合
上
売ってもいいし
売らなくてもいい
売って
ください!
商品
売り手
買い手
下
立ち場
Point
相手に求めさせれば、
自分の立場を上にする
ことができる

COLUMN Ⅰ ～心理誘導は合わせ技で～

人の反応はときと場合によって変化する

本書でご紹介する各テクニックは、「強制的に相手を操る方法」ではありません。あなたが選んで欲しいものを、「相手に選んでもらいやすくさせる方法」です。残念ながら、人の心は機械ではありませんので、どんなときでも決まった反応を返してくれるわけではないのです。

ですから、たとえ１つのテクニックを使って相手に通じなかったとしても、すぐに「使えない」と諦めないでください。

組み合わせて勝率UP！

私は時々、育てているブルーベリーのための肥料を選ぶことがあります。お店には様々な肥料が売られていますが、「これだけあげていれば必ず収穫できる」という肥料は売られていません。いくら肥料をあげても、土が悪ければブルーベリーは成長しませんし、適切な剪定をしなければ花芽がつきません。水遣りを怠れば枯れてしまいますし、水をあげすぎると根が腐ってしまいます。

肥料をあげる技術だけでなく、土作りの技術、剪定の技術、水遣りの技術などが合わさって、はじめて満足のいく収穫が得られるのです。

心理誘導もそれと同じです。ひとつのテクニックだけで勝負していたのでは、ただのギャンブルです。

使えるテクニックを組み合わせて、成功の確率をどんどんあげていってください。

Part2

心を読む技術

Technique 11

何気ないしぐさから気持ちを読みとく

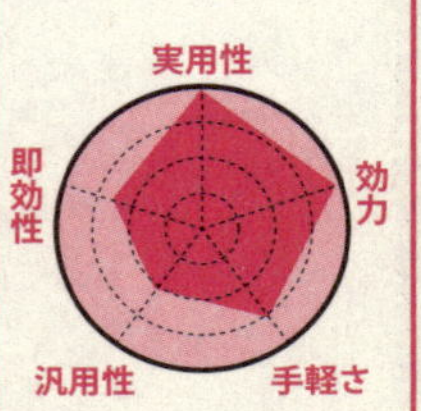

人が腕を組む理由

何気なく行われるしぐさにも、無意識のメッセージは隠されています。たとえば、あなたの前で相手が腕を組んだとしたら、それには何か意味があるのです。

一般には、「腕を組むのは心を閉ざしている証拠」などと言われていますが、これは一概には言えません。**無意識が腕を組むのは、「心臓を守りたい」という心理の表れです**。そのため、次のイラストのように考える必要があります。

腕を組む理由とは？

腕を組むのは、心臓を守りたい気持ちの表れ

①キケンを感じている＝不安・居心地が悪い

②意識が固定されており無防備＝考え事をしている

どちらなのか見極め、対処することが大事！

髪の分け方で立ち位置が決まる

一見わかりにくいしぐさも、少し考えてみるだけでその意味がわかることがあります。

髪を右で分けている人は、鞄を体のどちら側に持っていることが多いと思いますか？　実際に街に出て、通行人を観察してみてください。

これにはある程度の傾向があります。**髪を分けている反対側に鞄を持っていることが多い**のです。つまり、髪を右で分けている人は左側に、左で分けている人は右側に鞄を持つ傾向があります。

これには次のような意味があります。

相手の髪の分け方からわかることとは？

髪の分け目で守りたい方向が分かる（図は左分け）

※右で分けている人は反対になります。

Technique 12

「視線の動き」で嘘はわからない

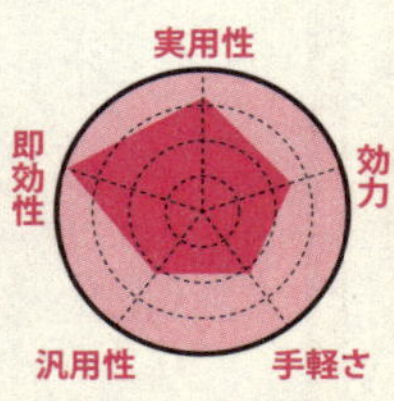

視線が動く理由

多くの人が「視線の動きを見れば嘘がわかる」と信じています。

「視線をそらしたから嘘をついている」とか、「右上を見ているから嘘をついている」という具合です。「嘘をついていないのなら目を見て話しなさいよ！」というセリフも、ドラマなどでよく耳にします。

しかしこの、**「視線の動きで嘘がわかる」というのは間違い**です。

もし近くに誰かがいらっしゃるのなら、その人に向かって「おとといの夜、何を食べた？」と聞いてみてください。そしてその人の視線を観察してください。

視線が動きませんでしたか？

視線が動いたとしたら、その人は嘘をついたのでしょうか？　そうではありません。

おとといの夕食を思い出すということは、それを心の中で視覚的にイメージするということです。その作業に集中するためには、関係のない視覚情報を少しでも遮断する必要があります。そこで、より刺激の少ない上や下、横に視線をそらしたのです。

携帯電話で話をするとき、周りがうるさければ、会話に集中するために静かなところまで移動します。それと同様に、心の中のイメージに集中しようとして、気が散らない空間に視線を移すわけです。

ですから、「視線が動いた」というだけで嘘だと断言することはできません。それどころか、**人は嘘をついているときのほうが、より相手の目を見つめる傾向さえある**のです。

視線が動くのは、「何かを思い出しているとき」、または「何かを考えているとき（嘘を作っているとき）」です。

反対に、視線が動かないのは、「思い出す必要がないとき」、「考える必要がないとき」です。嘘が事前に準備されている場合、思い出す必要も考える必要もありませんので、視線は動きません。

また、「目をそらすと嘘がばれる」と思っている人も、あえて視線を合わせてきます。

つまり、**視線が動いても動かなくても、どちらも嘘をついている可能性がある**のです。

視線の意味を読みとく

視線の意味とは…？

①視線が動くとき

①何かを思い出している
②何かを考えている

②視線が動かないとき

①思い出す必要がない
②考える必要がない

Point　視線が動いても動かなくても、嘘をついている可能性がある

Technique 13

ここを見れば嘘が見抜ける

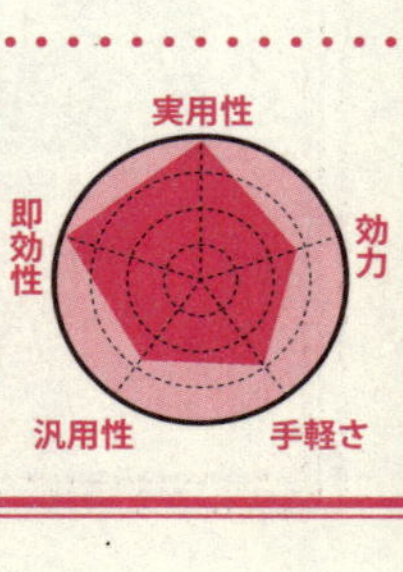

嘘はしぐさで見抜け！

「表情を見れば嘘がわかる」と信じている人もいますが、これも視線と同様に間違いです。

顔は体の中で最も見られている場所ですから、嘘をついている人は、とても上手に表情をコントロールします。そして聞く側も、嘘に気づくよりは笑顔に騙されるほうが楽なので、よほど不自然でない限り、その表情を信じてしまいます。

それでは、どこを見れば嘘を見抜くことができるのでしょうか？

それはしぐさです。

嘘をつくとき、理性は言葉だけでなく、態度でも信憑性を持たせようとしますが、無意識の送っているメッセージをすべて封じ込めることはできません。どんなに努力をしても、嘘のサインがしぐさに出てしまうのです。

一般に、無意識のしぐさは顔から遠くなるほど顕著になります。嘘の場合も、顔から遠いほど「誤魔化そう」という意識が届きにくくなりますので、顔よりも手、手よりも下半身に、嘘のサインは現れやすくなります。

顔から順に、嘘を見抜くポイントを見ていきましょう。

「顔」

顔で、唯一嘘が現れるのは「瞬き」です。瞬きは、精神的なストレスと関係があり、瞬きの頻度は、情報を処理しているスピードを表しています。嘘をつくときには、通常より速く頭を回転させる必要があるため、瞬きが多くなります。

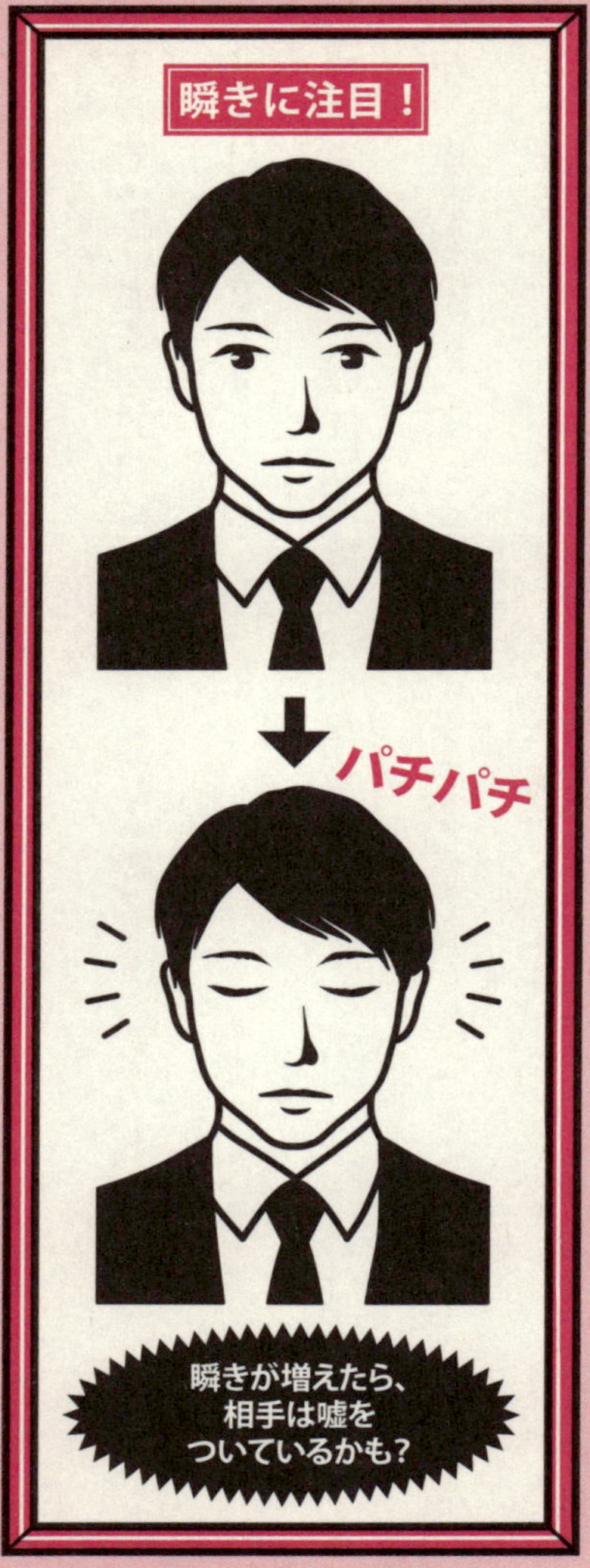
瞬きに注目！
パチパチ
瞬きが増えたら、
相手は嘘を
ついているかも？

「肩」

向かい合っている相手に心が開いているときは、お互いの肩が平行になっています。反対に、相手の意見に同意できなかったり、隠しごとがあったりすると、人は若干肩を回転させて、この平行を崩します。

肩に注目！
お互いの肩が並行になっている
心を許しているサイン
肩を回転させ並行を崩す
隠しごとがあるサイン

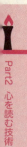

「手」

話しているときに、口や鼻の辺りに手を持っていくのは、「出てくる言葉を抑えたい」という心理の表れです。また、膝や机の上などを指でコツコツ叩くしぐさは、イライラした気持ちや、その場にいたくないストレスを表しています。

手に注目！
口や鼻周りに手がある
嘘をついているサイン
指で椅子や机をコツコツ叩く
その場にいたくないサイン

「足」

足を組み、上の足を揺らしたり、ペダルを踏むようにパタパタしたりするのは、イライラした気持ちや、その場にいたくないストレスを表しています。相手の膝やつま先が他の方向に向いていたら、それも向き合いたくない心理の表れです。

足に注目！
足を揺らしたりパタパタする
その場にいたくないサイン
膝やつま先が他所に向いている
向き合いたくないサイン

Technique 14

行動を観察すれば性格が見えてくる

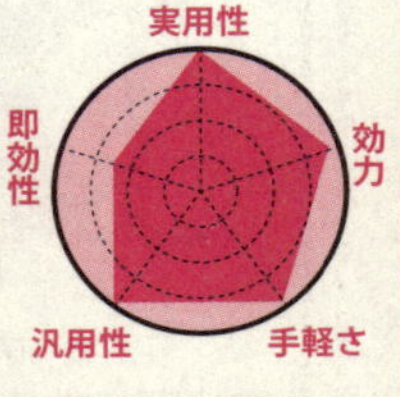

性格はフラクタル

「小さいことに忠実な人は、大きいことにも忠実である」

これは聖書の中に出てくるキリストの言葉です。

その人を理解するために、その人のすべてを知る必要はありません。目の前で行われている小さな行動に、たくさんのヒントが隠されているのです。

ブロッコリーを思い浮かべてください。ブロッコリーは、小さなブロッコリーがたくさん集まって、大きなブロッコリーができているように見えます。このように、部分と全体が似ているもの（自己相似性のあるもの）を、幾何学では「フラクタル」と呼びます。

実は、人の性格もフラクタルです。**部分を観察すれば、相手の全体が見えてきます**。無意識の中に学習された自動処理は、大きなことにも小さなことにも、同じように使われるからです。そしてこの「部分を観察する」というやり方は、とても簡単で、強力なテクニックになります。

たとえば、車をよく買いかえる人は、恋人もすぐにかえる傾向があります。逆に同じ車に長く乗る人は、恋人とも長く付き合う傾向があります。車と恋人は無関係に見えますが、新しく、魅力的なものが現れたときに使われる自動処理は同じなのです。

店員に対して横柄な態度をとる人は、いずれあなたにもそのような態度をとる可能性があります。「立場の低い人に態度が大きくなる」ということは、あなたの立場が変わった途端、その自動処理があなたにも使われる可能性があるからです。

待ち合わせ時間にいつも現れない人は、おそらくお金を貸しても返ってはきません。「約束を守る」という自動処理が形成されていないからです。

まずは、相手があなたの持ち物をどのように扱うかを観察してみてください。

そして、それを「物」ではなく「あなた自身」だと思ってみてください。何かを貸したとき、預けたとき、プレゼントしたとき、相手はそれを大切に扱っているでしょうか？　それとも、壊れることも汚れることも気にしないで、雑に扱っているでしょうか？

それはそのまま、その人のあなたに対する接し方です。

Technique 15

言葉を裏側から捉えれば相手の本心がわかる

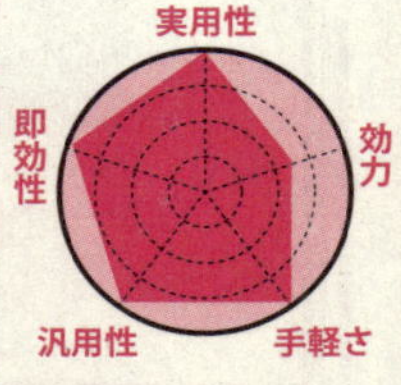

本心が現れる場所

村上春樹の小説、「羊をめぐる冒険」に、耳のモデルをしている女性が登場します。

彼女は主人公とはじめてデートをしたとき、主人公に向かって、「十分間で自分のことについて話して欲しい」とリクエストをします。

主人公はそれに応えて自分のことを語り、続けてこう言います。

「ずっと退屈な人生だったし、これからだって同じさ。でもそれが気に入らないというわけでもない。要するに仕方ないことなんだよ」

それを聞いた彼女は、こんなことを言います。

「私は初対面の人に会うと、十分間しゃべってもらうことにするの。そして相手のしゃべった内容とは正反対の観点から相手を捉えることにしてるの。(中略)その方法をあなたにあてはめてみると、こうなると思うの。(中略)つまり、あなたの人生が退屈なんじゃなくて、退屈な人生を求めているのがあなたじゃないかってね」

相手の本心を知りたいとき、この「正反対の観点から相手を捉える」という彼女のやり方は、単純ですが、非常に合理的です。

本当の自分として語られる理想の自分

誰の中にも、「こんな風に自分を見て欲しい」という願望があります。
そして自分のことは客観的には見られないため、自分の理想像と自分自身を混同しています。

語られることは本当の自分ではなく、自分の目標である可能性が高いのです。

たとえば、「自分は変わっている」と自分で言う人がいますが、そういう人は、おそらくとても平凡な人間です。
平凡だからこそ、「自分は変わっている」と思いたいし、思われたい。そして長続きはしませんが、実際に変なことを言ったりやったりもします。そしてその行為は、当然、隠れたところでするのではなく、誰かが見ているところでするわけです。

しかし、本当に変わっている人というのは、自分が変わっているとは思いもしません。そして「変わっている」と言われると傷つくことさえあります。ですから人が見ているところでは、できるだけ目立たないように、平凡に振る舞おうとするのです。

自分がいかに幸せかをアピールする人にも同じことが言えます。

幸せを意識しなければならないのは、幸せではないからです。

「幸せではない」と認めたくないので、「幸せそうで羨ましい」と言われようとして必死に演じ、「自分は幸せだ」と宣伝します。

しかし、本当に幸せな人は、幸せな日常が当たり前なので、誰かに「幸せそうで羨ましい」などと言ってもらう必要はありません。

相手の言葉を正反対の観点で捉える

このように、まずは**相手の言葉を、単純に正反対の観点で捉えてみてください**。

「友達が多い」と言う人は、本当はひとりぼっちなのかもしれません。

いつも「忙しい」と言っている人は、暇な自分になることが怖いのかもしれません。

何でも「深い」と言う人は、底が浅いのかもしれませんし、「毎日が充実している」と言う人は、充実した人生に憧れているのかもしれません。

Technique 16

「好みのタイプ」からその人自身を知る

「好きなタイプ」からわかること

言葉から相手の本心を知るテクニックを、もうひとつご紹介しましょう。

人は、自分にないものを持っている人に憧れます。一方、自分と似ている人には安心感を覚えます。どちらも好意的な感情ですが、「どんな人が好きか」という話になったときには、「自分にないものを持っている人」を話題にする傾向があります。**自分がそうでないからこそ、強く意識してしまう**わけです。

ですから、頭がよい人が好きだと言う人は、自分は頭がよくないと思っているのかもしれませんし、顔がよい人が好きだと言う人は、外見に自信がないのかもしれません。

好きになる理由は、長所だけとは限りません。不器用な人や、ちょっと暗い人など、一般的には短所だと思われている部分を好きなタイプにあげる人もいます。

長所を好きな理由にあげる場合、それはその人のコンプレックスを表している可能性がありますが、短所を好きな理由にあげる場合、それはその人自身を表している可能性があります。**自分に似ているからこそ好き**なのです。好きな理由の中に、自分の短所を投影することで、そんな自分を許してあげたいし、周りの人に同意されることで、その短所が愛される理由になることを確認したいのです。

このように、好きなタイプがわかれば、その人は自分をどう思っているのか、どんな人間になりたいのかを知ることができます。

「嫌いなタイプ」からわかること

それでは、人はどんな人を嫌いだと言うのでしょうか？

面白いことに、自分と似ている人を嫌いだと言う傾向があります。

自分と違う人には、理解ができないことによる不安感を覚えます。一方、相手の中に自分の嫌な部分を見つけると、嫌悪感を覚えます。

どちらも不快な感覚ですが、相手を理解できない場合、自分に被害がなければ、やがて不安な気持ちは感じなくなります。しかし、相手の中に自分の嫌な部分を見つけると、嫌悪感はいつまでも消えません。自分はその嫌な部分を改善しようと努力しているのに、目の前で努力もせず、嫌な部分を見せつけている相手が許せないのです。

たとえば、自己中心的な人は自己中心的な人を嫌います。ケチな人はケチな人を嫌い、優しくない人は優しくない人を嫌います。**嫌いな理由のほとんどは、同属嫌悪なのです。**

欠点はすでに克服されている場合もあります。電車で必ずお年寄りに席を譲る人が、優先席で席を譲ろうとしない若者にイライラしてしまうのは、その人が努力の結果、「席を譲ることができるようになった」からです。席を譲らない人を見るたびに、昔の嫌な自分が思い出されるのです。

短所が好きな理由になるのと同じように、頭がよい人や顔がよい人、几帳面な人など、一般的には長所だと思われている部分を嫌いだと言う人もいます。

この場合は反対に、**自分にないものを持っているからこそ嫌い**なのです。嫌いな理由の中に、自分にないものを投影することで、持っていない自分を受け入れたいし、周りの人に同意されることで、持っていないことは大した問題ではないと確認したいのです。

実際に特定の人を好きだったり、嫌いだったりしている場合はこの限りではありません。似ていようがいまいが、好きになることも嫌いになることもあります。しかし、**何気なく語られる「好きなタイプ」や「嫌いなタイプ」は、どちらも長所であればその人のコンプレックスを、短所であればその人自身を表している可能性がある**ことを覚えておいてください。

Technique 17

「避けるべき人」の見分け方

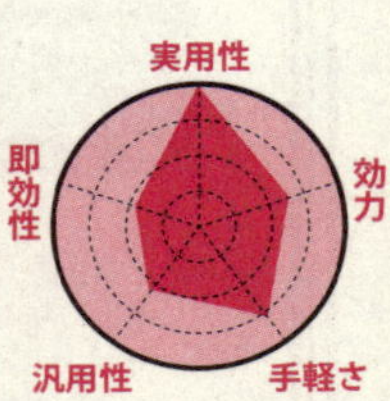

避けたほうが無難な人たち

性格はしぐさに現れますので、しぐさを手がかりにすれば、付き合いにくい相手を避けることができます。

「付き合いにくい相手を避けるなんて心が狭い」と思われるかもしれません。

しかし、これは誰でも無意識的に行っていることですし、自分を守るためにはとても重要なことです。

多くのトラブルは、付き合いにくい相手からやって

くるからです。

「自分には相手を選ぶ権利があり、付き合いにくい人と付き合う義務はない」という当たり前のことをしっかりと認識し、その権利を行使すれば、不必要に悩まなくて済むのです。

それでは、どういう人を避ければよいのでしょうか？

まず、初対面で「なんとなくこの人は苦手だ」と感じたら、その人は避けてください。あなたの無意識は、何か理由があってその人を避けたがっています。苦手意識はコミュニケーションの足かせにしかなりません。関係を再開させることはいつでもできますので、はじめは直感に従ってみてください。

次に、３つのしぐさから、付き合いにくい相手を見分けます。

股を大きく開いて座る人

男性ならば「股を大きく開いて座る人」は避けたほうが無難です。股を大きく開くのは、自分を大きく見せたい心理の表れです。支配欲が強い「俺様体質」であることがうかがい知れます。

股を開いて座る人に注意

足を大きく広げる
=
自分を大きく見せたい

支配欲の強い「俺様体質」

髪をよく触る人

女性ならば「髪をよく触る人」に注意してください。つまらなさそうに髪を触る女性は「お姫様体質」です。相手が自分を楽しませてくれることを当然だと思っており、間違っても自分から関係を良くしようと努力することはありません。

髪をよく触る人に注意
髪をよく触る
＝
楽しませてもらうのが当然と考えている
自己中心的な「お姫様体質」

スマートフォンに依存している人

男女問わず「スマホ（携帯電話）に依存している人」も避けたほうが無難です。

もし一緒にいるときに相手のスマホが何度も鳴り、相手もそのたびに何のためらいもなく届いたメッセージに返信するなら、その人はあなたを一段下に見ています。

スマホ依存に注意
一緒にいるのに
スマホばかり見ている
＝
相手を一段下に見ている
あなたよりも
スマホを
大事にしている

あなたを避ける口実

もちろん、多くの男性は座るときに股を開き、多くの女性は人前で髪を触り、多くの人は暇さえあればスマホや携帯をいじっています。これらの人たちを本当に避けるとしたら、かなりの人たちを避けなければなりません。

しかしそれで良いのです。**十人全員と仲良くなる必要はありません。そのうちの一人を選ぶことこそ、コミュニケーションの極意なのです。**

また、もしあなたに股を開く癖や髪を触る癖があり、誰かといるときも平気でスマホをいじっているとしたら、あなたは少なからず相手を不快にさせています。意識的にそれを止め、あなたを避ける口実を、相手に与えないでください。

COLUMN II　～性格を変えるためのヒント～

部分を変えれば全体も変わる

86ページで性格はフラクタルであるとお話ししましたが、「部分が全体を表す」ということは、「部分が変われば全体も変わる」ということでもあります。

そのため、もしあなたが自分の性格を変えたいと思っているのなら、いきなり全部を変えようとするのではなく、目の前の小さなことから変えたほうが確実です。

小さなことから変えてみよう

片付けが苦手で、部屋をきれいにしたいのであれば、まずは鞄の中を整理してみてください。仕事がなかなか進まない人は、歩く速度を速くしてみてください。優柔不断で、AとBのどちらを選ぶかいつも迷ってしまう人は、テトリスで遊んでみてください。タバコをやめたいのであれば、日記をつけてみてください。恋人と長続きしない人は、ベランダでトマトを育ててみてください。

すでにあなたが使っている自動処理は、そう簡単に変えられるものではないかもしれません。もしかしたら、はじめは鞄の中の整理すらできないかもしれません。

しかし、意識的にでも小さなことを変えられたら、それは全体を変えるきっかけになります。漠然と望んでいるだけでは何も変わりませんが、小さな努力をくり返せば、変化は必ず起こるのです。

大きなことを変えたいと思ったら、まずは小さなことから変えてみてください。

Part3

言葉で操る技術

Technique 18

理由があると否定できなくなる

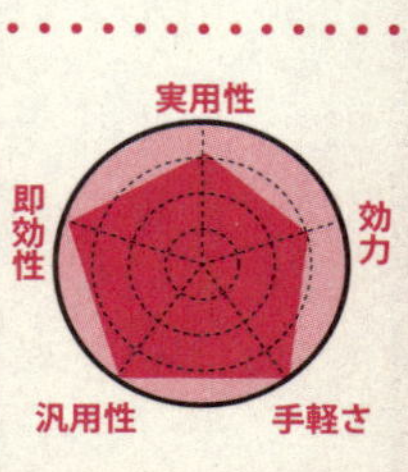

強い影響を与える話し方

誰かの何気ない一言に影響された経験はありませんか？

他の人に同じようなことを言われたことはあったのに、なぜそのとき、その一言にだけ、あなたは影響されたのでしょうか？

それはその言葉に、心を動かすカラクリがあったからです。「理性のチェックをすり抜ける」ことで、言葉が無意識に直接届いたのです。

連結法とは

本来は無関係なもの同士を繋げることで、否定しにくくさせる話法を、「連結法」と呼びます。

人には「理由づけされると無批判になる」という性質があります。その理由が正しいかどうかにかかわらず、「○○だから□□」といった構文自体が、人の心を動かすのです。

連結法の基本は**「事実＋暗示」**です（特定の考えを刷り込むことを、「暗示」と呼びます）。

「一人っ子だから、わがままなんだね」と言われると、それが事実のように響きますが、ここで事実なのは「一人っ子」だけで、「わがまま」は暗示です。暗示だけならば否定することは簡単ですが、このように事実と暗示を連結されると、事実は受け入れて、暗示だけを否定することがとても難しくなります。

ある芸人さんが、街で素敵な女性と仲良くなり、メールアドレスを交換することになったそうです。

アドレスを交換したあと、「いつでも連絡してくださいね」と言って女性は帰っていきました。

すると、それを見ていた一人のおばさんが近づいてきました。おばさんは自分の携帯を取り出すと、「あの、私とも交換してもらえますか?」と言いました。

彼はどれだけ頭を回転させても、断る理由が見つかりません。目の前で女性とアドレスを交換しているので、「できないです」とは言えないのです。そして結局は、おばさんともアドレスを交換することになったそうです。

この芸人さんのように、**人は片方を受け入れると、もう片方も受け入れざるを得ません。**連結法は、それを利用しています。

連結法のバリエーション

連結法にはたくさんのバリエーションがあります。

男性に、「あなたは優しいから、女の子に人気があるのね」と言えば、「あなたは優しい」という暗示と、「あなたは女性に人気がある」という暗示のふたつを、同時に刷り込むことができます。これは**「暗示＋暗示」**の連結法です。

「新しいアトラクションができたから、ディズニーランドに行かない？」という言い方は、**「事実＋要求」**の連結法です。これを断るということは、「ディズニーランドには行きません」という意味ではなく、「新しいアトラクションができたにもかかわらず、ディズニーランドには行きません」という意味になってしまうため、断ることはずっと難しくなります。

「要求＋要求」も効果的な連結法の使い方です。ただ「ピザをとらない？」と要求するよりも、「ピザをとって、映画を見ない？」と映画とセットで要求したほうが、相手は断りにくくなります。ひとつの要求は断れても、ふたつの要求をふたつとも断るのは気が引けるからです。

「○○君は人前で話すのが得意だから、司会をやってくれない？」という言い方は、**「暗示＋要求」**の連結法です。ただ司会を頼むよりも、「話すのが得意だから」と理由をつけることで、相手は引き受けやすくなりますし、同時に「自分は話すのが得意なのだ」と自信を持たせることができます。

「連結法」で否定を封じる

連結法とは…？

事実 ＋ 無関係

これが起きると、人は否定しづらくなる

前提を受け入れることで、無関係な後者も受け入れてしまう

Point 「○○だから□□」構文で相手に暗示をかけることができる

Technique 19

相手の中の「別の顔」を味方につける

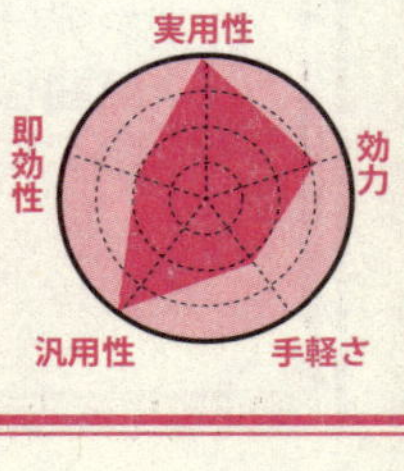

占い師のトリック

私の知人が占いに行ったときに、「あなたは頑張りすぎている」と言われたそうです。彼女は自分が頑張りすぎているとは思えなかったので、占い師にそう告げると、占い師は「頑張っていることにも気がつかないほど頑張っているんですよ」と返したそうです。彼女はその返答に納得し、すっかり占いを信じてしまいました。

占い師は、「頑張りすぎていると思っていない彼女」を、「頑張りすぎている ことに気づいていない彼女」と、「本当は頑張りすぎている彼女」に分離するこ とで、彼女の「自分は頑張りすぎていない」という思いを否定せずに、「気づか ないところでは頑張りすぎている」ことを認めさせたのです。

「気づいていないのだ」という主張を論理的に否定することは不可能ですから、「頑張っていることにも気がつかないほど頑張っているんですよ」と言われてし まったら、頷くほかありません。

このように、**ひとつのものをあえて複数に分離することで、相手の意見を 否定せず、同時に自分の意見も受け入れやすくさせる話法を、「分離法」と呼 びます**。

「**建前**ではなくて**本音**を教えてよ」というセリフを聞くことがありますが、これは典型的な分離法の例です。

建前を言ったつもりはなかったとしても、こう言われるとその発言は建前のように感じられ、「果たして自分の本音は何なのだろう？」と考えてしまいます。そして思いもしなかった「本音」を語ることになるのです。

占い師の言った「気づいていない自分」を否定できないのと同じで、相手の人格を何らかの概念で分離すると、相手はその存在を簡単には否定できません。そして一度それを認めてしまうと、後戻りができなくなります。

「**良心**に聞いてみなさい」、「**言葉**ではなく、**行動**で示して欲しい」、「オフレコで、**個人**としての意見を聞きたい」、「**本当のあなた**を見せて欲しい」、「**無意識**

的にそうしたんじゃない？」、「**顔**に書いてある」、「**昔の君**なら、そうは言わないと思う」……、これらもすべて、相手を分離しています。

矛盾のない人などいませんから、相手の中の一部分でも味方につけることができれば、そこから切り崩すことができるのです。

相手を分離して本音を引きだす

相手を分離すると…

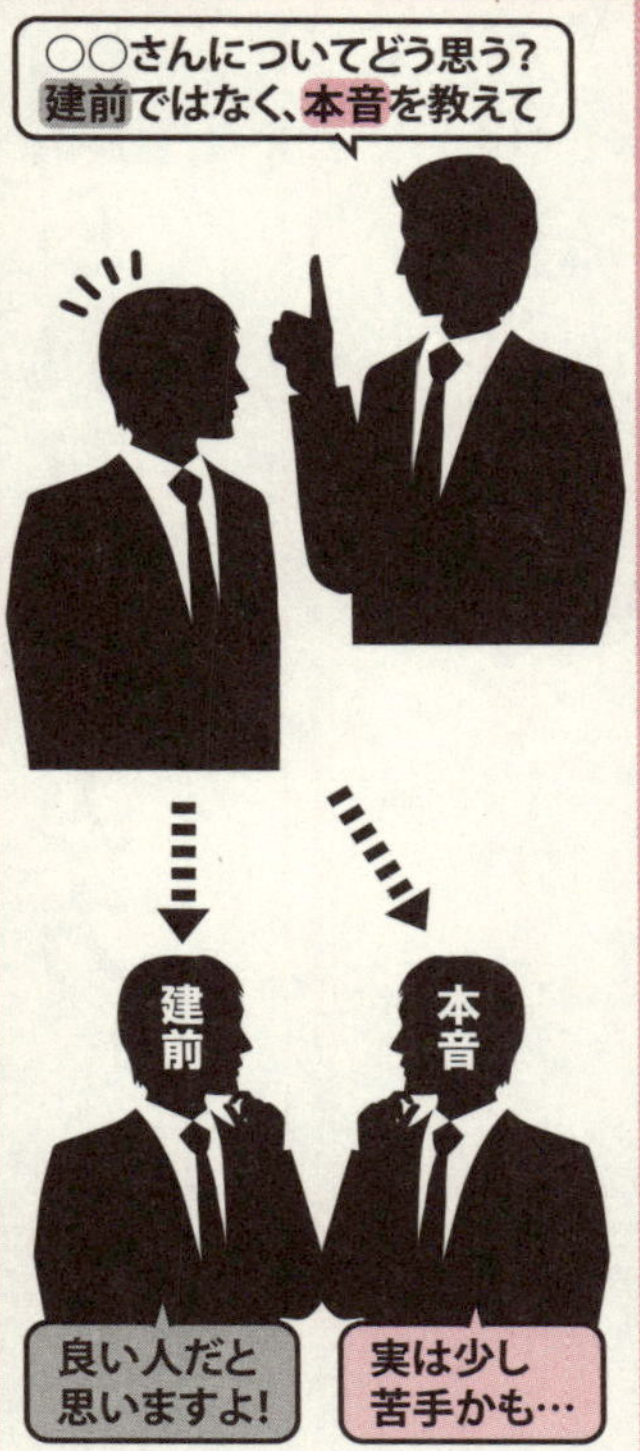

○○さんについてどう思う？建前ではなく、本音を教えて
建前
本音
良い人だと思いますよ！
実は少し苦手かも…

本人も気付かなかった「本音」を引きだすことができる

Point 相手をふたつに分離することで、否定せずに本音を引きだせる

Technique 20

断られない頼み方

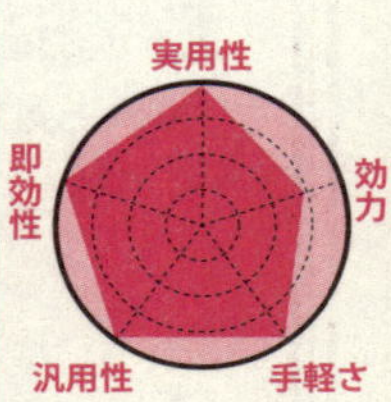

行動、時間、量を分離して要求を通す

「するか、しないか」という選択を、「どれくらいするか」にすりかえると、承諾のハードルを下げることができます。

これも、「分離法」の一種です。

たとえば、「**できること**からやっておいてくれない？」という頼み方をすれば、「できるか、できないか」ではなく、「できることは何か」を相手に考えさせることができます。

同様に、「何時までなら残業できる？」は、「残業をするか、しないか」ではなく、「どれくらい残業できるか」を、「話せる範囲でいいから教えて！」は、「教えるか、教えないか」ではなく、「何ならば教えられるか」を相手に考えさせます。

「できること」、「残業できる時間」、「話せる範囲」を分離することで、それをすることが前提になるのです。まったくできる部分がなく、少しも残業できず、すべて教えることができなければ、拒否することもできるかもしれませんが、そうでなければ承諾せざるを得ません。

また、「どれくらいするか」といった「行動の量」ではなく、「行動の意味」

を分離することでも、承諾のハードルを下げることができます。

部下がお客様とトラブルを起こしたところを想像してください。部下の話によると、お客様に非があるようですが、このままお客様との関係が悪くなってしまうのは会社にとってマイナスです。

しかし、部下には部下のプライドもありますので、ただ「謝ってこい！」と命令したのではしこりが残ります。

そこで、「先方さんに**形だけ**謝ってくれないかな」と分離法を使います。この提案は、「謝る」という行動を、「本心は謝らない」と「形は謝る」というふたつに分離しています。

そして、「本心では謝らなくてよい」、つまり「あなたは悪くない」ことを認めているので、部下も謝ることを受け入れやすくなるのです。

「あいつに**貸しを作るつもり**で手伝ってあげてくれない？」、「**仲の良いふり**をしてくれればそれでいいから」、「**この子のため**に我慢して」、「たまには**馬鹿を演じて**みなよ」……、なども同様です。

「分離法」で要求を通す

分離はいろいろなもので行える

【テクニック１】時間を分離

手伝ってくれない？
↓
いつなら手伝える？

【テクニック２】量を分離

話してくれない？
↓
どこまでなら話せる？

【テクニック３】行動を分離

謝ってくれない？
↓
形だけでいいから謝ってくれない？

Point 「どれくらいするか」と聞くことで、「する」ことを前提にしてしまう

Technique 21

言いなりにさせる洗脳術

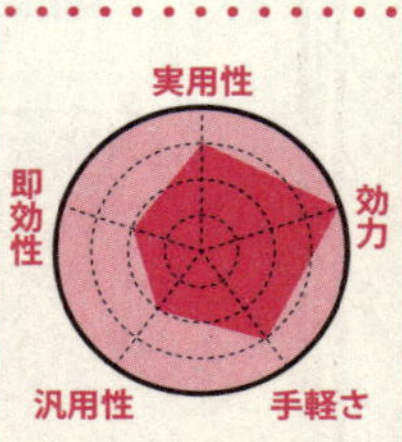

本当は怖い否定的ダブルバインド

「わからないことは自分で判断せず、必ず相談しなさい」とあなたの上司が言ったとしましょう。

あなたには自分で判断できない案件があったので、言われた通り上司のところへ相談に行きました。しかし、「こんな簡単なこともわからないのか！」と怒られてしまいました。

そこであなたは、それ以降、迷うことがあっても上司には相談せず、自分で判断することにしました。すると今度は、「なぜ相談もせずに勝手に決めてしまうんだ！」と怒られました。

相談しても怒られ、相談しなくても怒られ、かといってこの関係から逃げ出すこともできません。

このように、**どちらを選んでも正解ではなく、逃げる場所もない状態を、「否定的ダブルバインド」と呼びます**。

人の心は矛盾が苦手です。そのため、逃げられない状況で矛盾した命令をされると、自分を変えることで、どうにかしてその矛盾を「矛盾ではない」と思い込もうとします。矛盾している相手を変えることはできなくても、自分を変えることで矛盾を解消することはできるからです。
そして理性は、自分が変化したことにさえ気づきません。
上司が部下を昼食に誘っているところを想像してください。

上司「今日は私のおごりだ。お前の好きなところでいいぞ。何が食べたい?」
部下「ありがとうございます。……それでは、お蕎麦でも」
上司「蕎麦か。昨日食べたんだよな」
部下「お寿司などいかがでしょう?」
上司「うーん……、この時期、生ものはちょっと怖くないか?」
部下「それでは、駅前の居酒屋のランチはいかがでしょう?」
上司「せっかく私がおごると言っているんだ。遠慮するな」

部下「はぁ。それでは……」
上司「天ぷらはどうだ」
部下「天ぷらにしましょう!」

一見、何の問題もない会話に聞こえますが、この上司の発言は否定的ダブルバインドです。「好きなものを選べ」と言いながら、部下が何を選んでも否定しています。

部下が、「好きなものを選べ」という命令に従いつつ上司に否定されないためには、「上司の食べたいものを食べたくなる」しかありません。そうすればこの矛盾から解放されるのです。そこで部下は、天ぷらを「提案」します。

この反応は無意識的に起こりますので、**部下は「天ぷらにしましょう！」と言った瞬間から、「自分は天ぷらが食べたかったのだ」と認識します**。ちっとも食べたいと思っていなかった天ぷらが、今では食べたいものに変わってしまいました。

これは一種の洗脳です。否定的ダブルバインドの怖いところは、このような洗脳が、簡単に起こるところです。

言葉と感情表現の矛盾

大切な友達が怒った顔をしているので、「怒っているの？」と聞くと、「怒っていない」と答えたとします。その言葉を信じてあなたは普段どおりに話しかけるのですが、友達の雰囲気は明らかにいつもとは違い、会話が続きません。

怒っているものとして接すると否定され、怒っていないものとして接しても否定され、放っておくこともできません。このように、**言語的なメッセージと非言語的なメッセージが矛盾している状態も、否定的ダブルバインドです。**

怒っている理由を聞かせてくれれば、謝ることも、自分の正しさを主張することもできますが、「怒っていない」と言われると、解決すること自体を禁じられます。

すると人は混乱し、次第に相手の言いなりになっていきます。少しでも相手の表情が晴れるように、相手の望むことを、自ら進んでするようになるのです。

しかもそれは、「相手が怒っているから仕方なく」ではありません。相手は「怒っていない」のですから、純粋に自分の意思で行うことになります。これも一種の洗脳です。

怒ることだけでなく、泣くこと、喜ぶこと、好意を示すことなどの非言語的な感情表現は、それだけで強烈に人の心を操ります。それは周りの人に、自分がしたいことよりも、その人の怒りを鎮めること、その人を泣きやませること、その人をもっと喜ばせること、その人にさらに愛されることを優先させます。

これに、言語的な矛盾（怒っている人の言う「怒ってないよ」、泣いている人の言う「大丈夫だから」、喜んでいる人の言う「気を使わなくて良かったのに」、好意を示している人の言う「ついでだったから」など）が加わると、行動の理由が「その人のため」や、「頼まれたから」ではなく、「自分がしたいから」にすりかわります。

頼まれた場合には断ることもできますが、自分の意思でしていることをやめるのはとても難しく、結果的に相手にコントロールされるようになるのです。

相手を洗脳する「否定的ダブルバインド」

否定的ダブルバインドとは…

どちらを選んでも不正解で、逃げ場所がない状態のこと

上司
奢るよ 君の好きなものを 食べに行こう
部下
ありがとうございます それではお蕎麦でも
上司
蕎麦は昨日 食べたんだよな…
部下
では、お寿司は いかがでしょう?
上司
この時期、生ものは 避けたいな
部下
どうしよう…
上司
そうだ 天ぷらなんか どうだ?
部下
良いですね!
自分は天ぷらが 食べたかったんだ

Point 矛盾を回避するために、人は自らを洗脳してしまうことがある

Technique 22

簡単に認めさせる方法

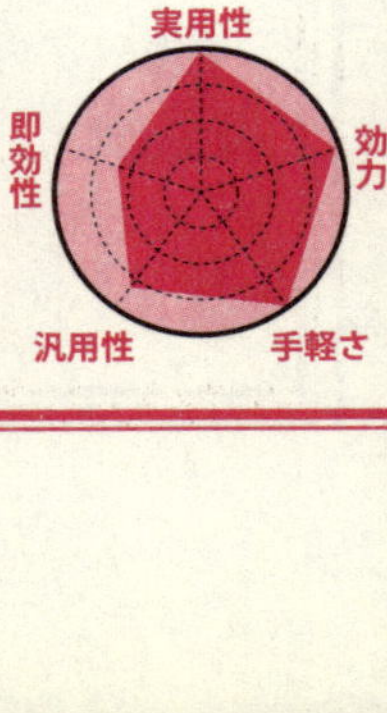

なぜ肯定的ダブルバインドは効果的なのか？

以前、「コーラが素材にこだわって、何が悪い？」というコマーシャルがありました。このコマーシャルを見て、「悪くない、大歓迎！」と思う人もいれば、「コーラなんて、素材にこだわらなくてもいいのに……」と思う人もいたことでしょう。しかし、この問いかけにどう答えても、視聴者は「このコーラは素材にこだわっている」ことを認めることになります。

このように、**相手がどう答えても、こちらにとっては正解な状態を、「肯定的ダブルバインド」と呼びます。**

肯定的ダブルバインドは、相手に受け入れてもらいたいことを前提にした話法です。このコマーシャルでは、「素材にこだわった」ことを前提に、「何が悪い？」と視聴者に問いかけています。

もしこれが、「このコーラは素材にこだわりました」というコマーシャルだとしたら、「本当にこだわっているのか？」、「どんな風にこだわっているのか？」などを理性がチェックしはじめるため、「素材にこだわっている」ことを認めさせるのは難しくなります。

しかし「何が悪い？」と問いかけることで、「素材にこだわっている」ことは前提となり、視聴者はそれを事実として受け入れるようになるのです。

書店で、「なぜ○○は□□なのか？」といったタイトルの本を見かけることがありますが、これも肯定的ダブルバインドです。

たとえば、「さおだけ屋はなぜ潰れないのか？」という本がありますが、これがもし「さおだけ屋は潰れません」というタイトルだとしたら、「本当に潰れないのだろうか？」と理性は考えます。

しかし「さおだけ屋はなぜ潰れないのか？」と理由を聞かれると、「さおだけ屋は潰れない」ことが事実として刷り込まれます。それが意外であればあるほど、好奇心が刺激され、読みたくなるのです。

「あなたは優しいから、女の子に人気があるのね」

「ピザをとって、映画を見ない？」

「○○君は人前で話すのが得意だから、司会をやってくれない？」


連結法のところでご紹介したこれらの例は、肯定的ダブルバインドにもなっています。

ふたつ以上の文章が連結されている場合、**理性は最後の文章を重要視します**。「彼は地味だけれど頭はいい」と言われれば頭のよい人を想像しますし、「頭はいいけれど地味だ」と言われれば地味な人を想像します。

同様に、ここで理性がチェックするのは、「女の子に人気があるかどうか」、

「映画を見るかどうか」、「司会をやるかどうか」だけです。

そしてそれらにどう答えても、前半の「優しい」、「ピザをとる」、「人前で話すのが得意である」を認めることになるのです。

選択肢の幻想

人は選択肢を与えられると、それ以外の可能性が見えなくなり、その中から最良のものを選ぼうとします。これを、「選択肢の幻想」と呼びます。

「選択肢の幻想」は、一番簡単な肯定的ダブルバインドです。どれを選んでもこちらにとっては正解となる選択肢を複数用意し、相手に選ばせればよいのです。

単純な例ですが、家事をしない夫に対しては、「家事を手伝ってくれない？」

と頼むよりも、「家事の分担をするなら、**食器洗いとゴミ出しのどっちがいい？**」と選択肢を与えたほうが効果的です。夫が食器洗いを選んでも、ゴミ出しを選んでも、彼は手伝うことを受け入れたことになるからです。

Technique 23

「〜しなさい」はキケン！

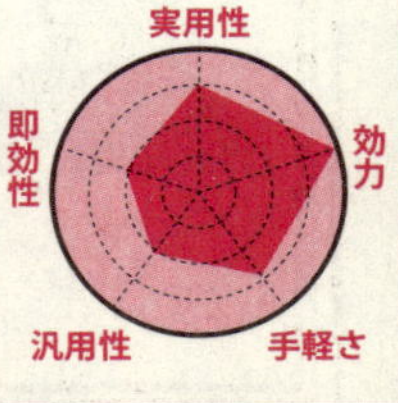

命令や禁止は逆効果

褒める教育が効果的なのは、「自分は〇〇が得意なのだ」というセルフイメージを刷り込むことで、自発的にそれをさせることができるからです。

反対に、**命令したり禁止したりの教育は、使い方を間違えると取り返しがつかなくなります**。

「勉強しなさい！」と口うるさく言われると、子供は勉強が嫌いになります。

門限が決められると、門限を破りたくなります。付き合いを禁止されると、一層その恋人に執着するようになります。

これは、**命令や禁止そのものが、逆の暗示として働く**からです。

「あなたは勉強ができない」、「あなたはいつも遅く帰ってくる」、「あなたはその恋人を愛している」という意味になって相手の心に届き、それが刷り込まれてしまうのです。

人の心がいかに命令や禁止に対して無力か、試してみましょう。

これから本書を読み終えるまで、**「パンダ」**のことは考えないでください。
特に**「パンダが縄跳びをしているところ」**は、絶対に考えないでください。

そんなことを言われても、すでにあなたは、「パンダが縄跳びをしているところ」を考えてしまったことでしょう。しかし、もし私が「パンダが縄跳びをしているところは、絶対に考えないでください」と書かなければ、あなたは本書を読み終えるまで、パンダのことも、縄跳びのことも、一度も考えなかったはずです。命令するとは、こういうことです。**命令しなければできたはずのことを、命令したためにできなくさせてしまう可能性がある**のです。

ですから、たとえば相手に優しくして欲しいとき、「優しくしなさい！」と言うのは逆効果です。これでは「あなたは優しくない」と刷り込むことになります。こちらから優しさを求めるのではなく、相手の優しさが垣間みえた瞬間、肯定的ダブルバインドを使って「どうしてそんなに優しいの？」と理由を聞いてみてください。相手は優しい自分を前提として受け入れ、より優しく振る舞うようになります。

都合が悪くなったときに慌ててそれを責めるのではなく、できたところを日ごろから褒めてあげることこそ、正しい教育のやり方です。

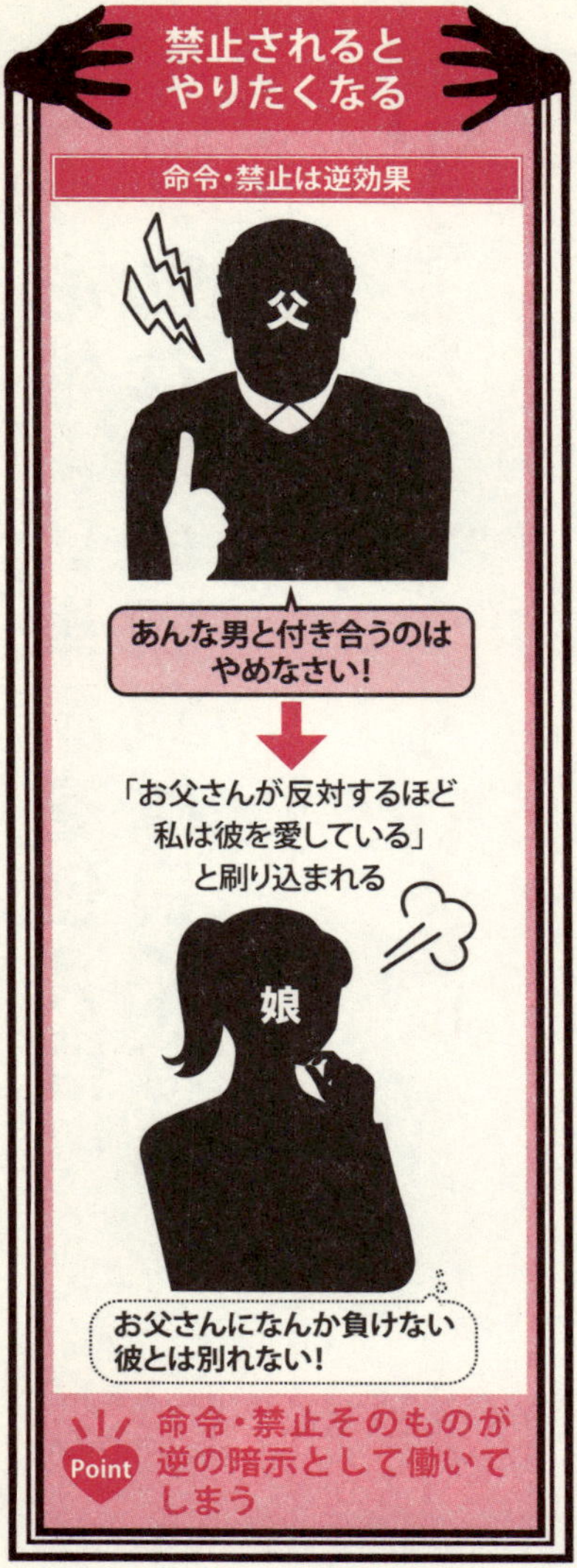
禁止されるとやりたくなる
命令・禁止は逆効果
父
あんな男と付き合うのはやめなさい！
「お父さんが反対するほど私は彼を愛している」と刷り込まれる
娘
お父さんになんか負けない彼とは別れない！
Point
命令・禁止そのものが逆の暗示として働いてしまう

Technique 24

心地よい単語を使えばあなたの印象は良くなる

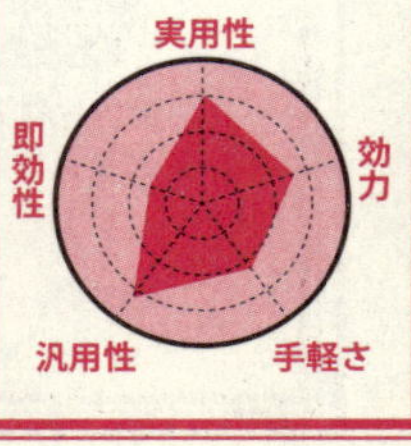

あなたがそう思われている理由

「みかん」という言葉を聞けば、心の中にみかんが浮かんできます。いちいち理性が「みかんとはどんな意味だろう?」と考えるわけではありません。耳から入った言葉は、対応する感情や感覚、情景などに、無意識によって自動的に変換されるのです。**この変換を理性でブロックすることはできません。**

料理をしていて、指をざっくり切ってしまった人の話を聞くと、顔をしかめ

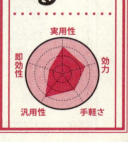

たくなるのはそのためです。自分は指を切っていないのですから、顔をしかめる必要はないはずですが、自動的に心に浮かんだイメージが、心や体に、現実と同じような影響を与えるのです。

これは単語レベルでも起こります。

草原、青空、静寂、休日、温泉、親切、安らぎ、愛情……、といった言葉にふれていると、それだけで心にリラックスした感覚が広がっていきます。

しかし、頭痛、憂鬱、孤独、苛立ち、裏切り、ねたみ、暴力……、といった言葉にふれていると、決して楽しい気持ちにはなれません。

あなたがブログを書いているのであれば、その中に出てくる「心地よい単語」と「不快な単語」の数を数えてみてください。ブログを書いていないのであれば、誰かに送ったメールでも、プレゼンの原稿でも、報告書でも構いません。
どれくらい「心地よい単語」を使い、どれくらい「不快な単語」を使っているでしょうか？　比率はどれくらいでしょうか？

その数字は、そのまま周りの人があなたから感じる「心地よさ」や「不快さ」を表しています。

あなたにその気がなくても、愚痴をこぼせば「不快な単語」を多く使うことになり、相手はそれらの単語に反応して、不快な思いをすることになります。
反対に、「心地よい単語」を多く使えば、相手に良い印象を与えることができるのです。

「何を話すか」ではなく「どう話すか」

それでは、どうすれば「不快な単語」を使わずに済むのでしょうか？

どうしても不快なことを話題にしなければならないときには、**表現方法を変えてみましょう**。

次の文章を読み比べてみてください。

「部屋が汚れている」

「部屋が片付いていない」

このふたつは同じような意味ですが、後者のほうが相手の不快感を刺激しません。

「今日は寒くない」
「今日は暖かい」

これらも同じような意味ですが、やはり後者のほうが、相手の不快感を刺激しません。

大切なことは、「何を話すか」ではありません。「どう話すか」です。

ポジティブな話をするときには「心地よい単語」を肯定形で、ネガティブな話をするときには「心地よい単語」を否定形で使えば、話の内容にかかわらず、相手に良い印象を与えることができます。

もしあなたが、自分は誤解されていて、本当の自分を誰も理解してくれないと感じているのなら、自分が普段、どんな単語を使っているのかに注意してみてください。相手が理解してくれないのは、あなたが使っている単語のせいかもしれません。使う単語を変えてみるだけで、あなたの印象をガラッと変えることができるのです。

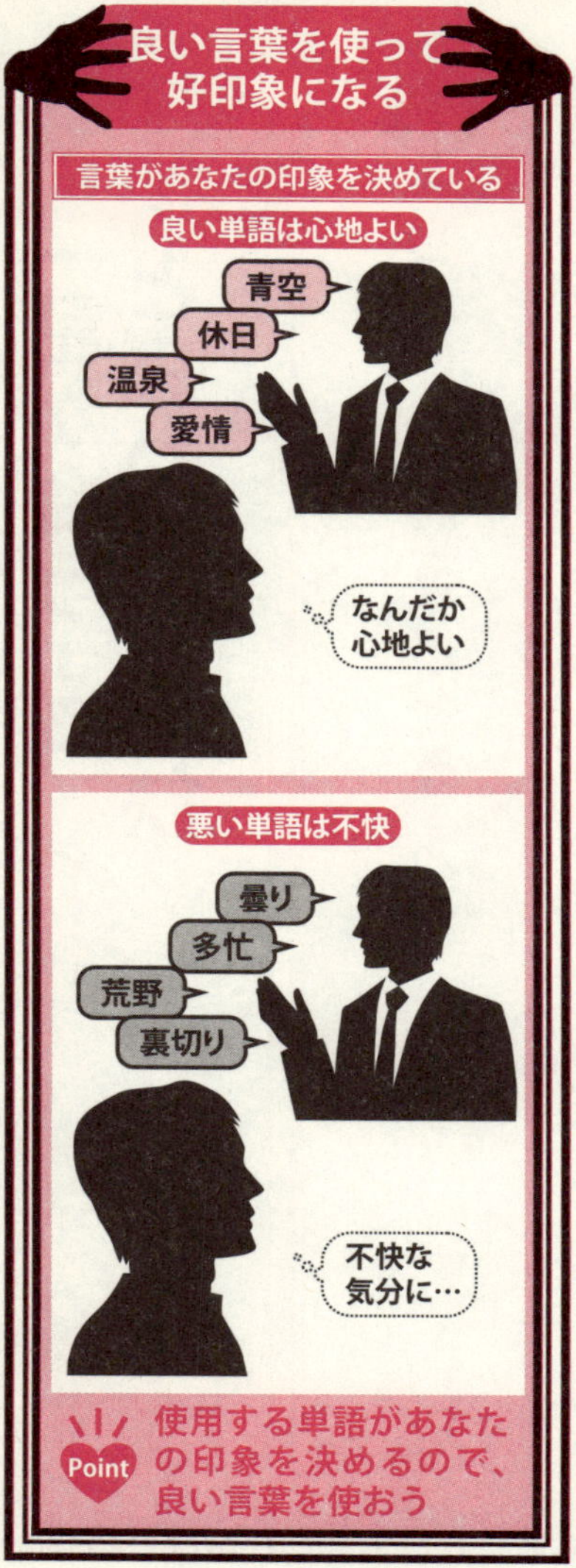
良い言葉を使って好印象になる
言葉があなたの印象を決めている
良い単語は心地よい
青空
休日
温泉
愛情
なんだか心地よい
悪い単語は不快
曇り
多忙
荒野
裏切り
不快な気分に…
Point
使用する単語があなたの印象を決めるので、良い言葉を使おう

Technique 25

「話が合う！」と思わせる秘訣

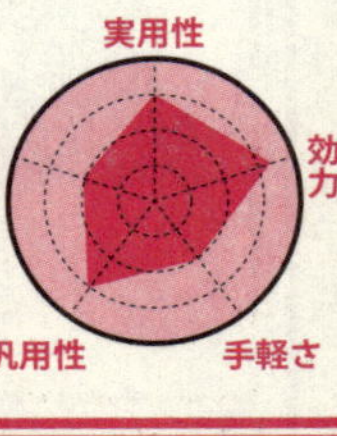

話が合う＝感覚が合う

「この人とは話が合う／合わない」と感じることがありますが、そう感じる原因のひとつに「優先感覚」があります。

人は感覚器官を通して現実を認識しています。目、耳、鼻、口、体を通して、「見て」「聞いて」「嗅いで」「味わって」「感じて」います。しかし、複数の入口から入ってきた感覚を、すべて平等に使っているわけではありません。

あなたは時計が好きで、5つの素敵な腕時計を持っていたとしましょう。どれも気に入って買ったものです。さて、あなたはこの5つの時計を、日替わりで順番に使うでしょうか?

おそらくそうはしないでしょう。5つの中に必ず優劣が生まれ、毎日のようにつけていく時計もあれば、1ヶ月間、ほとんど腕を通さない時計も出てくるはずです。

感覚もそれと同じです。5つの感覚のうち、好きでよく使う感覚もあれば、あまり使わない感覚もあります。**自分が特に好んで使っている感覚を、「優先感覚」と呼びます**。

目を閉じて、心の中に猫をイメージしてください。

何が出てきたでしょうか？　猫の顔を、映像で思い出した人もいるでしょう。猫の鳴き声を、音で思い出した人もいるでしょう。猫の手触りを、触覚で思い出した人もいるでしょう。複数の感覚が同時に使われたかもしれませんが、その中で一番イメージしやすかった感覚が、優先感覚です。

優先感覚が同じ人同士は話が合いますが、優先感覚が違うと話が合いません。

視覚を通して世界を「見ている」人は、同じように世界を「見ている」人の話は理解しやすいのですが、聴覚を通して世界を「聞いている」人や、体感覚を通して世界を「感じている」人の話は、理解しにくいのです。

このようなすれ違いを避けるためには、**相手の優先感覚を見極め、それに合わせてあげる**必要があります。

たとえば、視覚タイプの友達の車を褒めるときには、「エンジンの音が静かだね」と聴覚を刺激したり、「スピードを出しても全然揺れないね」と体感覚を刺激したりするよりも、「このメタリックブルー、すごく綺麗だね」と視覚を刺激したほうが、一層喜んでもらうことができます。

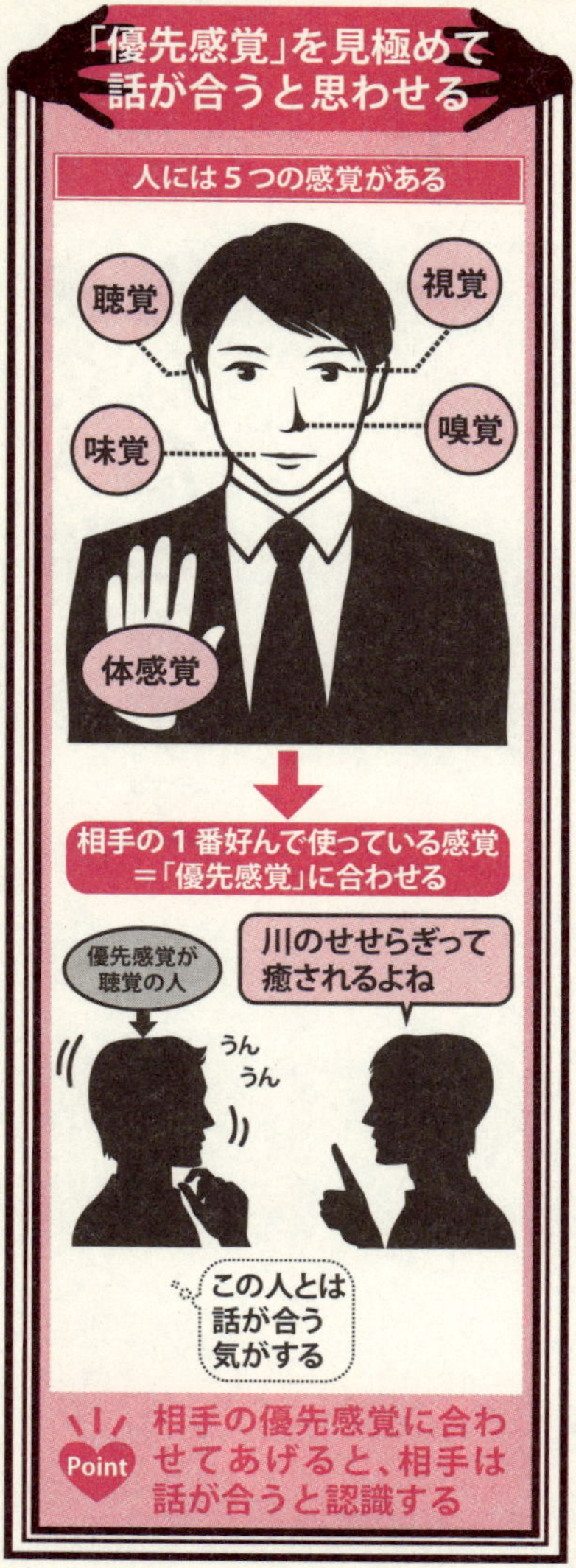

Technique 26

あの人はあなたを映す鏡

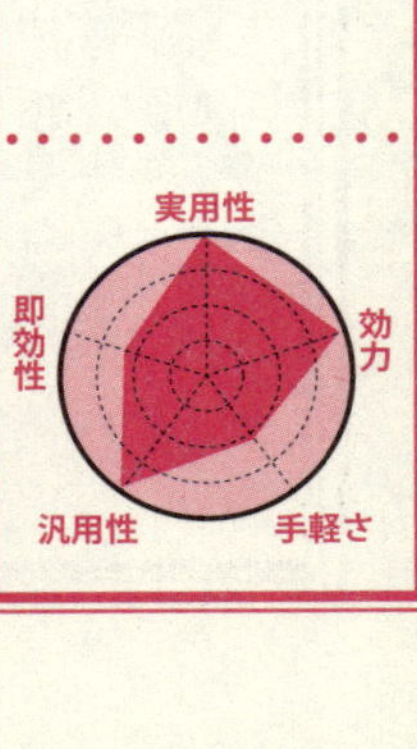

鏡のような振る舞い

自分の中に明確な意思や理由がない場合、人は他人の真似をしようとします。**真似をすることで、理性の負担が減るのと同時に、大抵の場合は失敗も少なくなる**からです。

たとえば、見知らぬ国の空港に降りたったら、案内板を確認するよりも、前の人についていったほうが早く入国審査の列に並ぶことができます。パソコンを買うとき、パソコン好きの友達が使っているのと同じ機種にすれば、どれにしようかと悩まなくて済みます。

この「鏡のような振る舞い」は、大抵はそれがどういう結果をもたらすのかよく考えられないまま、条件反射的に行われます。

そしてときには、自分のしたくないことさえ、「周りの人がしているから」というだけの理由で行われるのです。

あなたがはじめて、何かの集まりに参加したときのことを想像してください。参加者はテーブルを囲んで座っていて、テーブルの真ん中にお菓子のお皿が置いてあります。

そこにあなたの好きなお菓子があったとしたら、あなたはそのお菓子を気軽に食べるでしょうか？

おそらく、あなたは他の誰かが手をつけるまで、お菓子に手をつけないことでしょう。

食べてもらうために用意されたお菓子ですから、取ってもよいはずですが、周りの人たちが手をつけないうちは、それに従ったほうが無難なのです。

相手はあなたの真似をしている

鏡のような振る舞いは、日常的なコミュニケーションの中でも頻繁に使われます。

たとえば、自分を大切にしてくれる相手のことは、自動的にこちらも大切にしようとします。いい加減な相手といると、こちらもいい加減になります。「でも」が多い人と話していると、こちらも「でも」が多くなり、緊張している相手といると、こちらも緊張していきます。

相手と同じ行動をしている間、いい加減に接しているという自覚はありません。「でも」が多くなっていることにも気づきませんし、緊張の理由もわかりません。そんな風にするつもりはなかったのに、気づいたときにはそうしているのです。

当然、あなたと一緒にいる相手にも、この条件反射は起こっています。

それでは、相手が鏡のように振る舞っているとき、その人は誰の真似をしているのでしょうか？

もちろん、**あなたの真似をしている**のです。

ですから、あなたの周りの人が、あなたの話をちっとも聞こうとせず、反抗的で約束を守らず、「ありがとう」も「ごめんなさい」も言えなかったとしたら、それはあなたが、その人に対してそのように接してきた結果なのかもしれません。

子育てに悩んでいらっしゃるのであれば、自分がどのように子供に接してきたのか、謙虚に振り返ってみてください。

優しくない親の子供は、人に優しくすることができません。

謝らない親の子供は、謝ることができません。

なぜなら、真似をする「お手本」がいないからです。

あなたが与えた以上のものを、子供に期待することはできません。

相手を変えたければ、自分が変わることが一番の近道なのです。

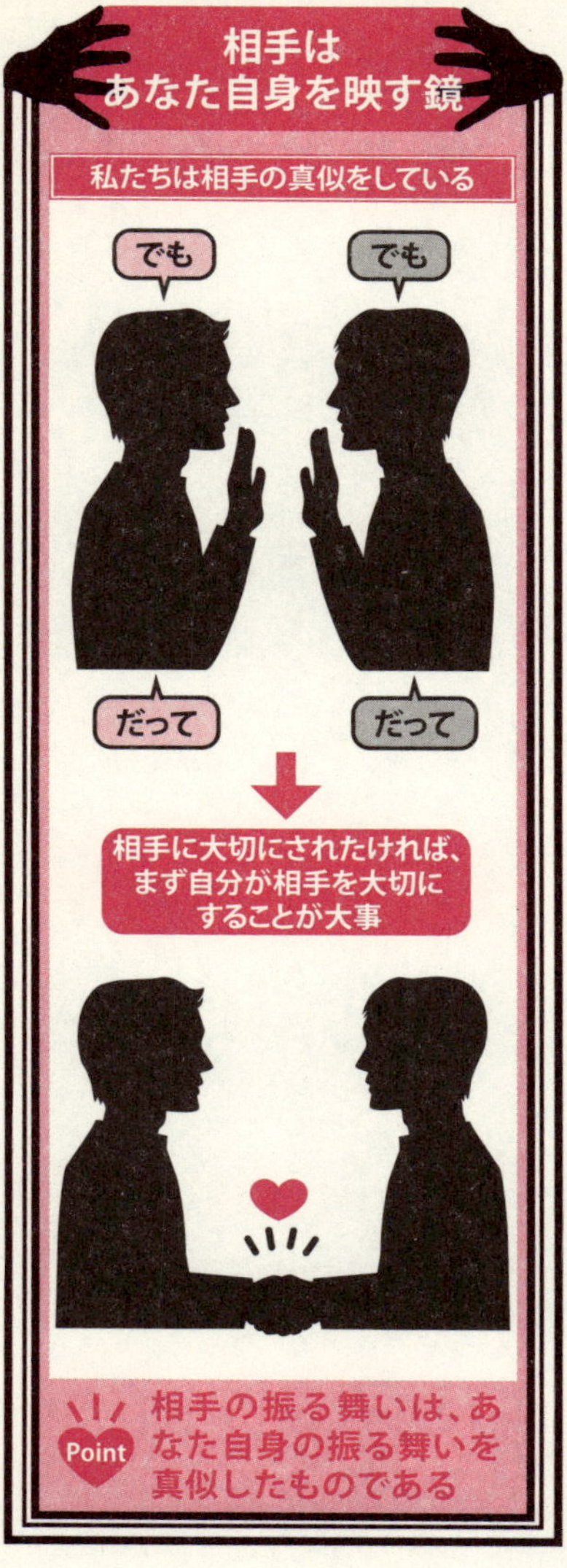
相手は
あなた自身を映す鏡
私たちは相手の真似をしている
でも
でも
だって
だって
相手に大切にされたければ、
まず自分が相手を大切に
することが大事
Point
相手の振る舞いは、あなた自身の振る舞いを真似したものである

おわりに

人は誰でも、自分に一番興味があります。そして他人に対しては、恐ろしく無関心です。誰かのことを思っているときでさえ、その人が自分に与えてくれるものに興味があるだけで、ありのままの相手に興味があるわけではありません。

そして皮肉なことに、周りにいる人たちは自分に対して興味があるのだと、何の疑いもなく信じています。ありのままの自分が受け入れられることを、当然のことのように求めます。

この「自分にしか興味がない」という人間の本質と、「相手は自分を理解してくれるはずだ」という思い込みが、コミュニケーションを難しくさせている原因です。

ですから、相手との関係を改善したいのであれば、まずは相手に興味を持ち、理解する必要があります。そして自分の思いを受け入れてもらうために、伝え方を工夫する必要があります。

本書では、簡単に使えて効果の高い心理誘導法を、厳選してご紹介いたしました。本書で学んだテクニックを実践するとき、あなたは相手に対して、もはや無関心ではいられなくなります。「受け入れてくれて当たり前」ではなく、「どうすれば受け入れてもらえるだろう?」と真剣に考えるようになります。

あなたに生じたそれらの変化は、相手にも必ず伝わります。「人の心を操る技術」を学んできましたが、あなたは同時に「相手が心地よくなれるコミュニケーション方法」も学んでいたのです。

人は自分の話に興味を持ってくれて、本当の気持ちに気づいてくれる相手を求めています。わかりやすく伝えてくれて、悩まないでも答に導いてくれる相手を求めています。あなたはすでに、周りの人たちのそんな期待に応えることができます。

どうか自信を持って、あの人の心を誘導してください。

桜井直也

著者略歴
桜井直也（さくらい・なおや）

ヒプノセラピスト。サイコロジカルアドバイザー。

1972年、東京生まれ。

横浜国立大学工学部物質工学科卒業。

外資系ＩＴ企業勤務後、2003年にセラピストとして開業。

現代催眠の確実性と、伝統的な催眠の強力な効果を融合した独自の催眠法は、不眠、禁煙、ダイエット、対人関係、恋愛など、様々な分野で定評がある。

また、サイコロジカルアドバイザーとして、ビジネスを成功に導く心理学的な提案を、企業向けに行っている。

心理誘導研究会、コミュニケーションセミナー、社内研修など、講師としても活躍中。

2010年、自己催眠によって不眠を解消できる「完全熟睡マニュアル」（こう書房）を出版。

趣味はブルーベリー栽培。愛猫家。

テレビ出演：日本テレビ「さきどり！ｎａｖｉ」
雑誌掲載：東京ニュース通信社「TVBros.」

Webサイト：http://www.e-saimin.com/
お問い合わせ：mail@e-saimin.com

図解 人の心を操る技術

平成28年1月21日第1刷

著　者　桜井直也

発行人　山田有司

発行所　〒170-0005
株式会社　彩図社
東京都豊島区南大塚3-24-4
MTビル
TEL：03-5985-8213　FAX：03-5985-8224

イラスト　菜園さと
印刷所　新灯印刷株式会社
URL　http://www.saiz.co.jp　https://twitter.com/saiz_sha

ISBN978-4-8013-0118-4 C0095

※本書は、平成24年10月弊社発行の『人の心を操る技術』を元に図式化したものです。